IT 지식으로 미래를 읽는다면

IT 지식으로 미래를 읽는다면

12
지식
+
진로

윤정구 지음

빅데이터부터 인공지능까지 진화하는 컴퓨터과학

다른

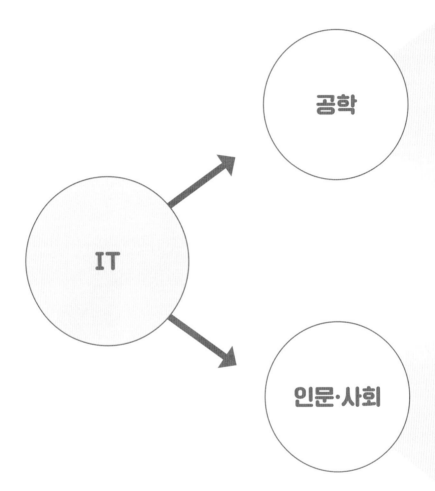

공부할 분야

IT

공학

인문·사회

컴퓨터공학

소프트웨어
공학

정보통신공학

전자공학

뇌공학

창의공학

미래학

프로그래밍

웹·앱
프로그램
개발자

게임
프로그래머

인공지능

인공지능
개발자

디자인

산업
디자이너

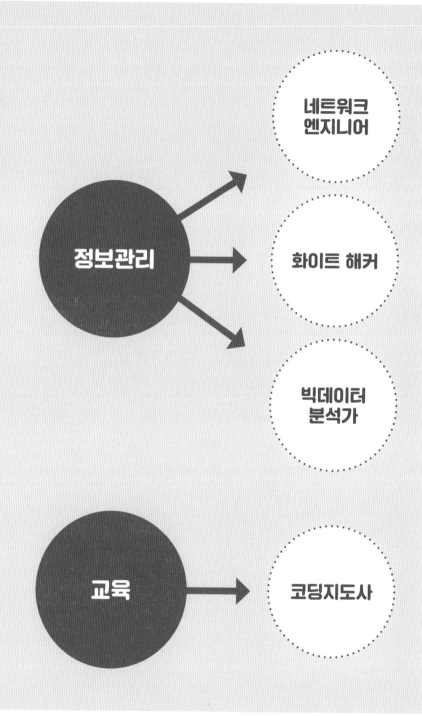

들어가며

| 하버드 대학교 학생들은 왜 컴퓨터과학을 배울까?

미국 하버드 대학교에는 매년 학생 1,400여 명이 선택하는 CS 50이라는 강의가 있다. CS 50은 컴퓨터과학Computer Science, CS 입문 강의로, 비전공자도 쉽고 재미있게 컴퓨터과학 이론을 배울 수 있다. 2018년에는 하버드 대학교에서 수강생 수 1위를 차지하기도 했다. 전 세계 수재들이 모이는 하버드 대학교에서 컴퓨터과학 입문 강의가 가장 많은 수강생을 모은 이유는 무엇일까?

그 이유 중 하나는 소프트웨어가 우리 생활에 없어서는 안 되는 필수재가 되었기 때문이다. 컴퓨터과학은 소프트웨어 분야에 이론적 기반을 제공하는 학문으로, CS 50의 인기는 소프트웨어의 중요성이 강조되는 시대상을 반영한다.

컴퓨터의 등장은 문서, 그림, 소리, 영상 등 다양한 정보를 디지털로 변환하는 디지털화의 시작을 알렸다. 그리고 무선 네트워크와 모바일 컴퓨팅의 발전은 디지털화의 속도를 높이며 범위를 확대해 왔다. 이제는 디지털이 세상을 집어삼킨다는 표현을 쓸 정도가 되었다.

세상 거의 모든 것이 디지털화되는 4차 산업혁명 시대에 데이터를 가공하고 처리해 유용한 결과물을 얻는 일은 산업, 과학, 기술, 생활, 안전 등 영역을 가릴 것 없이 중요한 일이 되었다. 특히 데이터를 활용하는 능력은 한 국가의 발전과 성장을 결정할 정도로 중요해져서 여러 국가는 이 분야를 선도하기 위해 다양한 노력을 기울이고 있다.

그 노력 중 하나가 소프트웨어 교육의 강화다. 소프트웨어는 데이터를 가공하고 처리하는 데 절대적으로 중요한 요소이기 때문이다. 소프트웨어에 관한 국가 역량을 키우기 위해 미국, 영국, 프랑스, 이스라엘, 스웨덴, 독일, 일본, 중국 등 여러 나라는 학교 교육과정에 소프트웨어 교육을 확대하거나 필수 과목으로 지정하고 있다. 세계적인 흐름에 따라 우리나라 정부도 2018년부터 소프트웨어 교육을 초등학교, 중학교 교육과정에 의무화했다.

소프트웨어 교육을 위한 민간단체의 노력도 큰 관심과 반응을 얻고 있다. 특히 2014년부터 서비스를 시작한 미국의 비영리 코딩 교육 플랫폼 '코드 닷 오알지Code.org'는 전 세계 학교와 교육 기관 등에서 다양하게 활용되고 있다.

코드 닷 오알지의 창업자 하디 파토비는 "모든 학생에게 코딩을 배울 기회를 줘야 한다."라며 창업 취지를 밝힌 바 있다. 이는 하버드 대학교의 컴퓨터과학 입문 강의인 CS 50의 목표와도 일치한다. 그의 생각은 유튜브에서 '학교에서 가르쳐 주지 않은 것 What most schools don't teach'을 검색하면 확인할 수 있다. 이 영상은 마이크로소프트 창업자인 빌 게이츠, 페이스북 창업자인 마크 저커버그, 트위터 창업자인 잭 도시뿐만 아니라 컴퓨터과학과 관련이 없어 보이는 미국 프로농구 선수와 유명 음악가까지 이름만 들으면 알 만한 유명 인사들이 등장한다. 이들은 모두 입을 모아 학교에서 모든 학생에게 코딩을 가르쳐야 한다고 강조한다.

소프트웨어를 익혀야 할 현실적인 이유로 일자리 변화를 들수 있다. 우리가 일상에서 자주 사용하는 서비스를 제공하는 기업들을 떠올려 보자. 음식 배달 기업, 숙박 공유 기업, 중고거래 기업 등 인기를 얻고 있는 서비스와 기업은 모바일 앱을 기반으로 우리에게 편리한 서비스를 제공한다. 앱을 사용한다고 해서이들 업체를 소프트웨어 개발업체로 분류하지는 않는다. 최근 거의 모든 사업에서 모바일 앱이나 웹 앱 형태의 소프트웨어를 활용하는 것이 당연해졌기 때문이다. 앞으로 새롭게 만들어지는 일자리는 소프트웨어와 무관할 수 없다. 소프트웨어는 이미 개발자와 개발업체의 전유물이 아니다.

제품 또는 서비스를 생산하고 소비하는 경제 활동이 디지털화된 요소에 의존하는 경제를 디지털 경제라고 한다. 앞서 열거한 서비스와 산업이 바로 디지털 경제에 속한다. 우리 일상에 깊숙이 자리한 디지털 경제는 앞으로 디지털화가 진행될수록 더욱

번성할 것이다. 결국 좋든 싫든 디지털 경제권 안에서 직업을 찾게 될 가능성이 크다.

이 상황을 조금 더 자세히 그려 보자. 여러분이 중고거래 기업에 서비스 기획자로 취업했다고 하자. 여느 직장처럼 이 기업도 서로 다른 업무를 맡은 직원들이 협업을 통해 서비스를 꾸려 나가고 있다. 사용자 만족도를 높일 아이디어를 내는 서비스 기획자, 아이디어를 실제 코드로 구현하는 개발자, 앱을 홍보하는 마케팅 담당자, 이 모든 과정을 관리하고 총괄하는 관리자 등이 있을 수 있다. 구성원 사이에 충분한 의사소통 없이는 성공적인 서비스가 불가능할 것이다. 서비스 기획자가 소프트웨어를 전혀 모르는 상태에서 개발자와 원활하게 소통할 수 있을까? 디지털 경제 활동이 일상이 된 오늘날, 소프트웨어에 관한 최소한의 지식은 선택이 아닌 필수다.

이 책은 소프트웨어의 토대가 되는 컴퓨터과학을 다룬다. 1장부터 3장까지는 컴퓨터과학을 구성하는 주된 요소를 사례 중심으로 설명하며 관련 직업을 소개한다. 그리고 마지막 4장은 과학기술의 발전이 우리 삶에 가져올 변화에 관해 이야기한다.

오늘날 청소년은 태어나서부터 디지털 환경을 경험하고 자연스럽게 이용한 세대다. 따라서 다가올 디지털 시대의 변화에 적응할 충분한 잠재력을 가지고 있다. 이 책이 컴퓨터과학에 관심을 가지고 진로를 탐색하는 데 도움이 되기를 바란다.

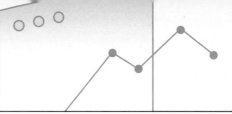

차례

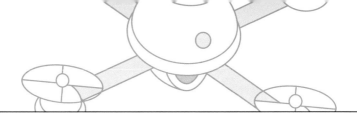

2장 내가 유튜브 알고리즘을 개발한다면

3장 오늘부터 스마트폰 사용 금지?

4장 미래 인간을 개발하는 컴퓨터

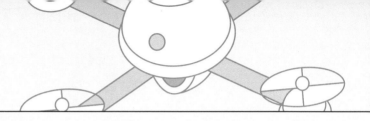

1장

우리가 아는
모든 것의 시작

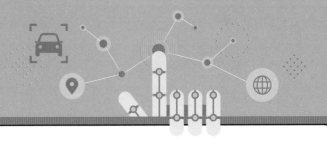

컴퓨터는 원래 계산하는 사람을 뜻하는
단어로 지금의 모습과는 완전히 달랐다.
컴퓨터는 어떻게 오늘날 모습을 갖추게 되었을까?

최초의 2인용 게임

'게임 좋아하나요?' 이 질문에 대한 대답은 다를 수 있지만, 게임을 전혀 안 해본 사람은 거의 없을 것이다. 스마트폰이 언제 어디서든 쉽게 이용할 수 있는 게임기 역할을 하기 때문이다. 게임은 어느새 많은 사람의 일상에서 적지 않은 부분을 차지하고 있다. 주변에서 스마트폰으로 게임을 하는 사람들의 모습을 쉽게 찾아볼 수 있을 정도다. 현재 주요 모바일 앱스토어에 들어가면 총 35만 개가 넘는 게임이 사용자의 선택을 기다리고 있다.

게임, 어디까지 알고 있니?

게임의 역사는 컴퓨터 기술의 발전과 깊은 관계가 있다. 새로운 게임을 개발하기 위해 그래픽 기술을 끌어 올리거나 반대로 발전된 컴퓨터 기술을 활용해 더 향상된 게임을 개발하기도 했다. 게임과 컴퓨터 기술의 발전 과정을 살펴보면 자연스럽게 이 둘이 맞닿는 지점을 자주 발견할 수 있어 흥미롭다.

게임은 컴퓨터 프로그램이다. 문서를 작성하거나 인터넷을 돌아다니거나 동영상을 보기 위해 사용하는 프로그램과 다르지 않다. 모두 이용자의 목적을 위해 작동한다. 다만 게임은 많은 사람이 즐길 수 있는 재미를 목적으로 탄생한 프로그램이다.

'컴퓨터 테니스'는 세계 최초의 2인용 게임으로 인정받고 있다. 이 게임은 1958년 미국의 한 국립연구소에 근무하던 윌리엄 히긴보섬이라는 연구원이 만들었는데, 원래 이름보다 '테니스 포

> **테니스 포 투**Tennis for Two
>
> 정작 연구소나 히긴보섬은 이 이름을 사용한 적이 없다고 한다. 실제로 두 사람이 즐길 수 있게 만든 테니스 게임이라서 '테니스 포 투'라는 이름이 더 널리 알려진 것으로 보인다.

투'라는 이름으로 더 많이 알려져 있다.

아날로그 컴퓨터에서 작동하도록 만들어진 이 게임은 5인치짜리 작은 화면을 통해 표시된다. 화면에는 테니스 경기장을 옆에서 본 모습이 'ㅗ' 문자와 같이 나타난다. 중간에 위로 솟은 수직선은 테니스 네트를 나타내며 규칙은 실제 테니스보다 더 간단하다. 2명의 이용자가 버튼과 다이얼이 달린 조정 장치를 이용해 상대가 친 공을 받아치는 것이 규칙의 전부다.

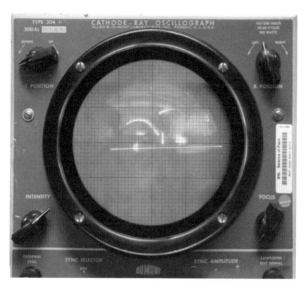

컴퓨터 테니스를 플레이하는 모습

지금도 유튜브에서 '테니스 포 투'를 검색하면 실제로 이 게임을 하는 영상을 볼 수 있다. 영상에서도 볼 수 있듯이 조작한 결과가 곧바로 화면에 표시되는 즉각적인 반응과 조정 장치를 작동할 때 들리는 딸깍 소리는 당시 이용자들을 사로잡았다.

흥미로운 점은 이 게임의 탄생 배경이다. 이 게임은 컴퓨터에 대한 대중의 두려움과 우려를 줄이고자 만들어졌다. 컴퓨터를 좋아하는 사람도 있고 싫어하는 사람도 있으며 관심이 없는 사람도 있다. 적어도 오늘날 컴퓨터를 무서워하는 사람은 없다. 하지만 이 게임이 등장한 시대를 살던 사람들의 생각은 매우 달랐다.

당시는 2차 세계대전이 끝난 지 10년이 넘은 뒤였다. 핵폭탄의 압도적인 위력을 간접 경험한 사람들은 원자력 기술에 대한 두려움을 품고 있었다. 미국과 소련의 냉전이 계속되면서 3차 세계대전이 발발할지도 모른다는 불안감도 컸다. 그 시절 사람들에게 컴퓨터는 전쟁에 사용되는 무시무시한 도구라는 부정적인 인식이 있었다.

두려움은 그 대상이 모호할수록 커지는 법이다. 이에 미국 뉴욕의 국립연구소는 인근 주민들의 막연한 불안을 잠재우고 과학 기술을 알리기 위해 일반인을 대상으로 정기적인 방문의 날 행사를 열었다. 이때 방문한 사람들이 컴퓨터를 친근하고 재미있는 것으로 여기도록 만든 게임이 바로 컴퓨터 테니스다.

당시 많은 방문자가 게임을 접하고 그 매력에 푹 빠졌다. 연구소를 개방하는 날이면 이 게임을 하기 위한 줄이 건물 밖까지 길게 늘어설 정도였다. 한 번에 게임을 할 수 있는 시간이 겨우 30초였는데도 말이다. 지금으로 치면 주말에 놀이동산에서 인기 있는 놀이기구를 타기 위해 기다리는 모습과 비슷했으리라 생각할 수 있다. 많은 이들에게 사랑받았지만, 컴퓨터 테니스는 상업적인 용도로는 판매되지 않았다. 그렇게 컴퓨터 테니스는 방문자를 위한 견학용 전시물로 연구소를 지키다 조용히 사라졌다.

비록 컴퓨터 테니스는 사라졌지만 게임 역사에 길이 남을 '퐁'이라는 게임을 유산으로 남기게 된다. 이는 개발자 히긴보섬이 이미 특허권을 여럿 가지고 있었는데도 유독 컴퓨터 테니스만은 특허를 신청하지 않았기에 가능한 일이었다.

30톤짜리 초대형 컴퓨터가 나타나다

미국의 시사 주간지 <타임>은 매년 한 해에 가장 큰 영향을 미친 사람을 '올해의 인물'로 선정한다. 그리고 선정된 대상은 <타임>의 12월호 표지를 장식한다. 보통은 2013년 프란치스코 교황처럼 1명을 선정하지만, 1968년 아폴로 8호의 우주인들처럼 여러 명 또는 1988년 지구처럼 사람이 아닌 대상을 선정하기도 한다.

1982년 12월은 올해의 인물 대신 기계가 <타임>의 표지를 장식했다. 그 기계는 바로 컴퓨터였다. 1950년 전후의 초창기 컴퓨터는 유명 대학이나 국가 기관에 연구, 군사 목적으로 겨우 1대

정도 있을 법한 귀하신 몸이었다. 일반인은 컴퓨터를 접하기도 어려웠을 뿐 아니라 당시 컴퓨터가 필요하다고 생각하는 사람조차 드물었다.

"컴퓨터는 앞으로도 세계에 5대 정도만 있을 것으로 생각한다."

> **빅블루Big Blue**
>
> 주식 시장에서 우량한 주식을 블루칩 Blue Chip이라고 부르는 것에 빗대어 IBM을 블루칩 중에서도 뛰어난 기업이라는 의미로 붙인 별칭이다.

IBM의 토머스 왓슨 회장이 1943년에 한 말이다. IBM은 초창기부터 컴퓨터를 만들어 왔고 지금도 '빅블루'라고 불리는 IT 기업이다. 컴퓨터 제조업의 핵심에 있던 IBM 회장이 이렇게 완전히 빗나간 예상을 했을 정도라면, 당시 컴퓨터를 대하는 사람들의 생각이 어떠했을지는 충분히 짐작할 수 있다.

왓슨 회장의 발언이 있던 1943년은 에니악이 개발되기 시작한 해다. 에니악은 한동안 최초의 컴퓨터라고 '잘못' 알려진 컴퓨터였다. 비록 1973년 법원 판결에 따라 아타나소프사의 ABC에게 최초라는 타이틀은 뺏겼지만, 에니악은 컴퓨터 역사에서 여전히 중요한 자리를 차지하고 있다.

초기 컴퓨터인 에니악의 특징은 크기에 있다. 에니악은 웬만한 거실 공간은 가득 채울 정도로 컸다. 크기는 가로 9미터, 세로 15미터에 무게는 약 30톤에 달했던 이 기계는 20평 정도의 공간을 차지했다. 지금 컴퓨터랑은 비교하기도 어려운 덩치다. 에니악을 현재의 컴퓨터와 나란히 놓고 본다면 컴퓨터라고 불러도 될지 의심스러울 수 있다. 반대로 현재의 컴퓨터를 보지 못한 당시 사람들에게 에니악은 컴퓨터가 가정에서 누구나 쓸 만한 물건이 아니라는 오해를 심기 딱 좋은 존재였다.

우선 에니악은 개발 목적부터 오늘날 컴퓨터와 매우 달랐다. 이 시기는 역사상 가장 많은 이가 목숨을 잃은 2차 세계대전이 벌어지고 있었다. 역사적으로 많은 기술들이 전쟁에서 승리하기 위해 개발된 것처럼, 에니악 역시 군사 목적으로 개발되었다.

에니악의 주된 목적은 탄도를 계산하는 것이었다. 탄도란 발사한 포탄이 날아가면서 그리는 궤적을 의미한다. 목표물을 정확하게 맞히기 위해서는 탄도 계산이 필수다. 그런데 문제는 탄도의 계산 과정이 그리 단순하지 않다는 점이다. 그날 바람의 세기, 온도와 습도가 모두 포탄이 날아가는 방향에 영향을 미치기 때문이다. 어찌나 복잡한지 숙련된 수학자들조차도 보통 약 20시간이 넘는 시간을 계산해야 했다고 한다.

에니악에 주어진 미션은 이렇게 긴 계산 시간을 단축하는 것이었다. 어떤 앱을 설치하느냐에 따라 게임기, 미디어 플레이어, 사무기기 등으로 변하는 지금 컴퓨터와 비교하면 에니악은 단순한 계산기에 가깝다. 그래서 에니악을 30톤짜리 전자계산기라고 부르는 사람도 있다.

사실 컴퓨터라는 단어의 유래를 찾아보면 컴퓨터가 결국 계산기에서 시작되었음을 알 수 있다. 컴퓨터는 '계산하다'라는 뜻의 compute과 '~을 하는 사람'이라는 뜻의 er을 합친 말이다. 계산하는 사람 또는 계산원 정도로 풀이할 수 있다.

이상하게 들릴지 모르지만 실제로 최초의 컴퓨터는 사람이었다. 전자계산기가 발명되기 전, 많은 양의 계산이 필요한 분야에서는 전문적으로 계산만을 담당하는 인간 컴퓨터들을 고용했다. 이들은 주판을 비롯한 도구들을 이용해 끊임없이 계산을 수행했다. 그러다 전자계산기가 발명되자 이들의 역할을 전자계산기가 대신하게 되었고, 계산원을 뜻하던 컴퓨터는 전자계산기를 부르는 말로 바뀌었다. 그리고 기술의 발달로 컴퓨터는 이제 단순한 계산을 넘어 다양한 용도로 사용하는 기계가 되었다.

에니악은 어마어마한 크기만큼 전기도 많이 먹었다. 오죽하면 에니악 때문에 주변 지역에 정전이 발생한다는 말이 있을 정도였다. 에니악이 전기 먹는 하마가 된 가장 큰 이유는 진공관 때문이다. 진공관은 컴퓨터에서 정보를 처리하는 데 필요한 부품을 가리킨다. 에니악에는 이런 진공관이 무려 1만 8,000개나 사용되었다.

기본적으로 진공관은 크기가 큰 편이다. 컴퓨터에 쓰기 위해

미군 병사가 에니악의 스위치를 설정하는 모습

출력을 높인 결과 그 크기는 더욱 커졌고, 열을 가해야 동작하는 방식이다 보니 전력이 많이 필요했다. 게다가 수많은 진공관이 내뿜는 열을 식히기 위해 사용한 에어컨의 소비 전력까지 생각하면 거리의 신호등과 가로등, 집 안의 전등을 꺼뜨린 범인으로 에니악을 충분히 지목할 만했다.

에니악처럼 진공관을 사용한 컴퓨터를 1세대 컴퓨터라고 한다. 그 시기는 대략 1940년대 중반부터 시작한다. 이후 진공관을 대체할 트랜지스터가 등장하면서 진공관이 동작할 때 뿜어내는 발열 문제가 개선되었다. 진공관보다 작은 크기의 트랜지스터 덕분에 컴퓨터의 크기도 작아졌다. 스위치처럼 전기가 흐르거나 흐르지 않게 하는 트랜지스터는 컴퓨터에서 정보를 처리하는 데 사용된다. 이렇게 트랜지스터를 사용한 컴퓨터를 2세대 컴퓨터로 구분한다. 이 시기는 대략 1950년대 후반부터 시작하며, IBM이 2세대 컴퓨터 시대를 주도했다.

더 빠르고 작게! PC의 시대가 오다

기술이 발달하면서 정보 처리의 핵심인 트랜지스터를 비롯해 전자 부품의 크기를 아주 작게 만들 수 있게 되었다. 집적 회로는 이렇게 미세한 크기의 부품을 잔뜩 모아 놓은 작은 조각을 부르는 말이다. 이 조각을 흔히 칩이라고도 한다. 하나의 칩에 트랜지스터가 작게는 수십 개부터 수백만 개 이상이 들어간다. 이처럼 작은 칩 하나에 집어넣을 수 있는 트랜지스터 수가 늘면서 컴퓨터의 크기는 더 작아지고 성능은 향상되었다. 3세대 컴퓨터부터는 집적 회로를 사용했다. 이 시기는 대략 1960년대 중반부터 시작한다.

> **집적 회로**
>
> 기술이 꾸준히 발달하면서 하나의 칩에 들어가는 트랜지스터의 수는 계속 늘어났다. 칩 하나에 얼마나 많은 트랜지스터가 있느냐를 기준으로 4세대 컴퓨터는 고밀도 집적 회로, 5세대 컴퓨터는 초고밀도 집적 회로로 구분한다. 현재는 하나의 칩에 트랜지스터 수십억 개가 들어간다.

컴퓨터를 구성하는 부품을 하드웨어라고 부른다. 집적 회로의 등장으로 하드웨어의 성능은 날로 발전하고 컴퓨터 크기는 빠르게 작아졌다. 그러던 중 1974년 미국에서 앨테어 8800이라는 컴퓨터가 판매되기 시작했다. 이를 계기로 가정이나 규모가 작은 기업에서 사용할 수 있는 컴퓨터가 속속 등장했고, 이들 컴퓨터를 가리켜 PCPersonal Computer라는 단어가 사용되었다. 비로소 큰 기업과 정부 기관만이 아닌 일반인을 대상으로 큰 시장이 열린 셈이다.

특히 1982년은 컴퓨터가 일반 가정과 회사에 합리적인 가격으로 팔리기 시작한 해다. 이에 <타임>은 PC의 시대가 도래한 것으로 판단해 컴퓨터를 올해의 기계로 선정했다. <타임>의 판단처럼 얼마 지나지 않아 세계의 거의 모든 집에는 컴퓨터가 필수품으로 자리하게 되었다.

입김으로 강물을 얼리고, 눈에서 레이저를 발사해 장애물을 파괴하고, 아주 빠른 속도로 하늘을 날아 공기가 없는 우주까지 가는 슈퍼히어로가 있다. 바로 미국의 만화 캐릭터인 슈퍼맨이다. 슈퍼맨은 평범한 인간의 능력을 초월한 존재다.

컴퓨터 세상에도 슈퍼맨 같은 존재가 있다. 일반 컴퓨터의 연산 속도를 월등하게 넘어서는 슈퍼컴퓨터가 그것이다. 얼마나 빠른 연산 속도를 보여야 슈퍼컴퓨터라 부를지에 대해서는 절대적인 기준이 없다. 하지만 PC가 등장하기 오래전 군사, 과학 기술을 연구하기 위해 개발된 컴퓨터들은 국가 대표급 연산 능력을 갖추고 있었다. 그런 점에서 이 거대한 컴퓨터들을 그 시대의 슈퍼컴퓨터라고 부를 수 있다.

1946년에 등장한 에니악 역시 그 시대를 대표하는 슈퍼컴퓨터였다. 에니악의 개발 목적은 탄도 계산이라고 했다. 슈퍼컴퓨터는 이처럼 많은 양의 계산을 빠르게 수행하기 위해 개발된 컴퓨터다. 지금이 에니악 시대와 다른 점이 있다면 슈퍼컴퓨터급의 빠른 연산 능력을 활용하는 분야가 매우 다양해졌다는 것이다. 단순히 군사, 과학 기술을 연구하는 분야를 넘어 동영상 스트리밍, 클라우드 컴퓨팅 등 일상에서 우리가 거의 매일 사용하는 인터넷 서비스에도 빠른 연산 능력이 필요하다.

예를 들면 유튜브는 대표적인 동영상 스트리밍 서비스다. 저장

및 처리 용량이 큰 동영상을 끊김 없이 사용자에게 전달하는 것을 스트리밍이라고 한다. 클라우드 컴퓨팅이란 인터넷을 통해 연결된 컴퓨터를 마치 내 컴퓨터처럼 활용하는 기술이다. 구글 드라이브를 이용하면 구글 컴퓨터에 내 자료를 저장할 수 있고, 네이버 오피스를 이용하면 네이버 컴퓨터를 이용해 업무를 처리할 수 있다. 편리한 서비스가 가능한 이유는 슈퍼컴퓨터나 다름없는 연산 능력을 갖춘 컴퓨터들의 활약 덕분이다.

슈퍼컴퓨터의 역사에서 키워드 하나를 꼽으라면 '크레이'를 들 수 있다. 크레이는 최초의 슈퍼컴퓨터로 알려진 CDC 6600을 설계한 시모어 크레이의 성이다. 1972년 그는 자신의 성을 따서 크레이라는 회사를 설립하고 1980년대까지 슈퍼컴퓨터 시장을 이끌었다. 특히 1976년에 내놓은 크레이 1이 크게 성공하며 슈퍼컴퓨터를 대중에게 널리 알렸고, 1985년에 발표한 크레이 2는 더욱 향상된 속도를 자랑하며 5년이란 긴 시간 동안 연산 속도에서 최상위권을 유지했다.

크레이는 우리나라와도 관련이 있다. 우리나라는 1999년부터 기상청에 슈퍼컴퓨터를 도입해 날씨를 예측해 왔다. 그중 기상청의 슈퍼컴퓨터 2, 3, 4호기가 모두 크레이의 제품이다. 예측이 빗나갈 때도 있지만 우리는 이들 슈퍼컴퓨터가 계산하고 예측한 기상 예보를 참고해 외출 전에 우산이나 겉옷을 준비한다.

슈퍼컴퓨터의 연산 속도는 어떤 기준으로 측정할까? 컴퓨터의 성능을 비교하는 여러 지표 중 하나로 플롭스가 있다. 플롭스는 컴퓨터가 1초 동안 수행할 수 있는 연산의 횟수를 뜻한다.

초기의 컴퓨터인 에니악은 500플롭스로, 1초에 오백 번을 연산할 수 있었다. 최초의 슈퍼컴퓨터라고 알려진 CDC 6600은 1메가플롭스로, 1초에 100만 번의 연산을 수행할 수 있었다. 1996년에는 최초로 1테라플롭스의 벽을 넘어서는 슈퍼컴퓨터가 등장했다. 1테라플롭스는 1초에 1조 번의 연산을 수행할 수 있는 속도다.

하드웨어의 놀라운 발전 속도 덕분에 우리는 과거의 슈퍼컴퓨터를 이제 손안에 들고 다닐 수 있게 되었다. 2015년에 출시된 스마트폰인 갤럭시 S6의 연산 속도는 34.8기가플롭스로 슈퍼컴퓨터였던 크레이 2의 속도보다 약 18배 뛰어나다. 이처럼 과학 기술의 발전은 과거의 상상을 꾸준히 현실로 만들고 있다. 조만간 우리는 손안에 초당 100경¹⁰을 ¹⁸번 곱한 값 번의 연산을 수행하는 엑사플롭스 혹은 그 이상의 성능을 가진 기기로 동영상을 보고, 게임을 하며, 인터넷 검색을 하는 일상을 살아갈지도 모르겠다.

슈퍼컴퓨터와 인터넷

'일반 컴퓨터보다 월등한 연산 능력을 갖춘 컴퓨터'

슈퍼컴퓨터의 정의는 간단하지만, 그 기준은 모호하다. 이런 슈퍼컴퓨터의 성능을 마치 빌보드 차트처럼 한눈에 비교할 수 있도록 순위를 매긴다면 편리할 것이다.

빌보드 차트는 유행하는 음악의 인기를 가늠할 수 있게 순위를 매겨 놓은 표다. 1894년부터 시작된 빌보드 차트는 세계적으로 가장 많이 알려진 음악 차트이며 그 결과에 대해 신뢰를 인정받고 있다. 특히 가장 인기 있는 100곡을 순위로 표시하는 '빌보드 핫 100'이라는 차트가 유명하다. 이 차트는 한때 영어권 국가의 음악으로 거의 도배되어 아시아 음악이 설 자리는 없다고 여

겨졌지만 국내 가수들이 상위권을 차지하면서 우리나라에도 더 많이 알려지게 되었다.

슈퍼컴퓨터 세상에도 빌보드 차트가 있다?

빌보드 핫 100처럼 슈퍼컴퓨터에도 순위를 매기는 차트가 있다. 이름도 비슷한 톱 500이다. 1993년부터 발표를 시작한 톱 500은 매년 두 번, 6월과 11월에 전 세계 슈퍼컴퓨터의 순위를 발표한다. 이 순위 덕분에 슈퍼컴퓨터 성능에 대한 비교가 가능해졌다.

톱 500은 성능에 따른 순위뿐 아니라 그 슈퍼컴퓨터를 보유한 국가까지 표시한다. 순위권에 든 제품을 몇 대 보유하고 있느냐는 그 나라의 과학 기술 수준을 보여 주는 지표가 되기도 한다.

2021년 11월 기록을 보면 아쉽게도 우리나라가 보유한 슈퍼컴퓨터는 7대뿐이다. 그에 비해 일본은 32대, 중국은 전체 500대 중 3분의 1을 넘는 173대를 보유하고 있다. 눈길을 끄는 점은 일본이 100위 안에 14대나 되는 슈퍼컴퓨터를 올렸으며, 그중 후가쿠라는 슈퍼컴퓨터는 전 세계 모든 제품을 제치고 1위를 차지했다는 것이다. 우리나라가 보유한 슈퍼컴퓨터 중에서는 삼성전자가 보유한 SSC-21이 11위, 기상청의 마루와 구루가 27위와 28위, 한국 과학기술정보연구원의 누리온이 38위를 차지했다.

슈퍼컴퓨터에 순위를 매기는 기준은 1초 동안 수행할 수 있는 연산 횟수인 플롭스다. 1위를 차지한 후가쿠는 442페타플롭스로 초당 44경 2,000번의 연산을 수행할 수 있다. 우리나라에서 가장 빠른 컴퓨터인 SSC-21은 이론상 25.2페타플롭스로 후가쿠와는 상당한 격차를 보인다.

그런데 연산 속도의 차이보다 더 안타까운 점이 있다. 우리나라가 보유한 슈퍼컴퓨터는 모두 자체적으로 개발한 것이 아니라 다른 나라에서 만든 수입 제품이라는 사실이다. 반면에 일본은 정부 연구소와 민간 기업이 협력해 후가쿠를 만들었는데, 이를 위해 6년이라는 시간과 10억 달러약 1조 2,000억 원에 달하는 막대한 비용을 투자했다. 이 비용은 후가쿠 이전에 1위를 지키던 미국의 슈퍼컴퓨터 서밋의 개발에 들어간 6억 달러보다 훨씬 큰 금액이다.

이처럼 세계 최정상급의 슈퍼컴퓨터를 제작하는 데에는 상상 이상의 시간과 비용이 필요하다. 세계 1위를 차지한 일본이지만 전문가들은 그 자리를 오래 유지하기는 어려울 것으로 예상한다. 중국과 미국을 비롯한 다른 나라의 치열한 추격이 계속되고 있기 때문이다.

여러 나라가 많은 시간과 비용을 들여 가며 슈퍼컴퓨터를 개발하거나 보유하려는 이유는 무엇일까? 슈퍼컴퓨터는 우주, 군사, 인공지능, 미래 산업, 신약 설계, 날씨 예측 등 복잡한 문제를 해결할 수 있는 강력한 도구로서 국가 경쟁력을 높이는 가치가 있기 때문이다.

예를 들어 후가쿠는 2020년부터 가동을 시작해 세계적인 감염병 유행을 줄이기 위한 임무를 수행하고 있다. 감염병은 기침이나 재채기를 할 때 입과 코에서 나온 물방울, 즉 비말을 통해서 감염된다. 비말이 퍼져 나가는 확산 과정을 이해한다면 감염을 줄일 대책을 마련할 수 있다. 이를 위해 후가쿠는 기존 컴퓨터로는 분석하기 어려웠던 비말 입자의 이동 과정과 형태를 정밀하게 살펴보는 실험에 활용되고 있다.

과학기술정보통신부는 우리 기술로 슈퍼컴퓨터를 개발하는 사업을 시작했다. 슈퍼컴퓨터의 핵심인 CPU중앙 처리 장치를 비롯한 하드웨어와 여기에 함께 활용할 소프트웨어를 동시에 개발하겠다는 목표로 연구 개발이 진행 중이다. 언젠가 톱 500의 상위권에 우리 기술로 만든 슈퍼컴퓨터와 대한민국이라는 국적이 나란히 자리할 수 있기를 기대해 본다.

인터넷이 노벨 평화상 후보로 뽑혔다고?

노벨상은 매년 모든 사람의 삶을 더욱 윤택하고 이롭게 만드는 데 기여한 사람에게 주는 상이다. 수상 후보자 정보만 흘러나와도 각종 언론에서 소식을 전할 정도로 많은 관심을 받는다. 재미있게도 2010년 노벨 평화상 후보 중에는 우리가 매일 사용하는 인터넷이 있었다. 보통은 사람이나 단체에게 주는 노벨 평화상에 생명이 없는 인터넷이 후보로 올랐다는 사실은 매우 이례적이어서 당시에도 큰 화제가 되었다.

인터넷은 전 세계인이 열린 대화와 소통을 통해 합의에 이를 수 있는 도구 역할을 했다. 그 결과 민주주의 발전에 기여하고, 억울하게 고통받는 이들의 인권을 보장해 세계 평화에 이바지하고 있다는 이유로 추천을 받았다.

실제로 언론을 통제하거나 국민을 심하게 억압하는 몇몇 나라에서는 민주화 운동의 열기가 인터넷을 통해 널리 퍼져 나간다. 인터넷은 자국은 물론 다른 나라에까지 실상을 알리고 사람들의 지지를 얻는 데 활용된다. 또한 재난을 당한 다른 나라를 돕기 위해 국제적인 모금 운동을 벌이거나 구호 참여를 호소하는 수단으로 기능한다.

이러한 인터넷의 긍정적인 기능과 영향력을 널리 알리려는 목적에서 구글, 네이버, 다음, 네이트 등 대표적인 인터넷 기업들은 인터넷의 노벨 평화상 선정을 위한 캠페인을 벌이기도 했다. 아쉽게도 인터넷이 노벨상을 받지는 못했지만, '인터넷에 노벨 평화상을'이라는 캠페인은 2만 명이 넘는 전 세계인의 서명과 지지를 받았다.

하지만 무생물인 인터넷이 노벨상을 받을 자격이 있느냐는 꾸준한 논란거리가 되었다. 노벨상 심사 기관인 노벨위원회에 따르면 '노벨 평화상은 여러 나라의 우애를 증진하고 군사력을 감축하고 평화 추구 노력을 촉진하는 데 큰 성과를 보인 사람이나 조직'에게 주어져야 하기 때문이다.

　이런 의문이 들 수 있다. '처음부터 인터넷을 발명한 사람을 후
보로 추천했다면 이런 논란을 피할 수 있지 않았을까?' 아쉽게도
인터넷을 발명한 사람은 특정한 개인이나 단체로 콕 집어 말할
수 없다. 다양한 국가, 단체, 개인이 인터넷의 등장과 발전에 기여
했기 때문이다.

　인터넷은 전 세계 컴퓨터가 신호를 주고받을 수 있는 선을 거
미줄처럼 연결해 놓은 거대한 통신망이다. 통신망은 컴퓨터가 서
로 신호를 주고받는 것을 의미하는 '통신'과 그물처럼 엮인 '망'을
합친 이름이며 흔히 네트워크라고 부른다.

　네트워크는 인터넷이 탄생하기 전부터 존재했다. PC가 등장하
기 전, 커다란 컴퓨터가 세계를 주름잡던 때부터 대학과 연구소
들은 컴퓨터 자원을 최대한 효율적으로 사용하기 위해 자신들이
가진 컴퓨터를 서로 연결하기 시작했다.

　사실 인터넷이라는 용어도 각기 떨어져 존재하던 여러 소규모
네트워크를 연결한 큰 규모의 네트워크라는 뜻의 inter network
에 뿌리를 두고 있다. 한 건물 또는 좁은 지역에 한정되었던 네
트워크는 연결을 거듭하며 도시를 넘어 국가까지 범위를 확장해
나가게 된다. 네트워크가 이처럼 발전하는 데 큰 기여를 한 것은
바로 미국의 아르파넷ARPANET이다. 아르파넷은 미국 대학교 4곳
의 네트워크를 서로 연결하는 프로젝트로 시작해 나중에는 대서

양을 가로질러 영국을 비롯한 국가 간의 네트워크로 확장되었다.

사실 거미줄 같은 선을 그물처럼 연결만 한다고 통신이 가능한 것은 아니다. 서로 다른 언어를 쓰는 사람들을 한 장소에 모아 놓기만 해서는 의사소통이 되지 않는 것과 같다. 이들 사이에 대화가 가능하기 위해서는 '영어를 공용어로 사용하자'와 같은 공통된 약속이 필요하다.

컴퓨터들도 데이터를 주고받기 위해서 따라야만 하는 공통의 약속이 있다. 이러한 약속을 통신규약 또는 프로토콜이라고 한다. 아르파넷은 NCP라는 이름의 통신규약을 만들어 서로 다른 네트워크 사이에서도 통신이 가능토록 했다. 나중에 군사 목적의 네트워크만 따로 떼어 버린 아르파넷은 대학과 기업 등 민간에 사용되기 시작하면서 지금의 인터넷으로 진화하게 되었다. 이것이 아르파넷을 인터넷의 기원이라고 보는 이유다.

재미있는 사실은 아르파넷의 등장을 촉발한 사건이 최초의 인공위성 발사라는 점이다. 그 무렵 세계는 미국과 소련이 팽팽한 신경전을 벌이던 냉전 시대였다. 두 나라는 어떤 분야에서든지 자기가 더 우수하다는 사실을 증명하기 위해 기싸움을 벌였다. 그런 상황에서 1957년 소련이 최초의 인공위성인 스푸트니크 발사에 성공하자 미국은 큰 충격을 받았다. 그 충격은 우주과학 기술 경쟁에서 소련이 미국을 앞질렀다는 사실과 함께 소련이 장거리 미사일 기술을 이용해 미국에 핵폭탄을 떨어뜨릴 수도 있다는 불안감 때문이었다. 이에 미국은 핵전쟁이 일어날 경우, 한 지역의 네트워크는 마비되더라도 다른 지역의 네트워크로 통신할 수 있도록 안정적인 통신 시스템 구축을 서둘렀고 그 노력의 성과로 아르파넷이 등장하게 되었다.

웹에 대한 오해와 진실

"인터넷은 인간이 발명해 놓고도 이해하지 못하는 최초의 발명품이다."

구글을 창립한 에릭 슈밋의 말이다. 인터넷의 등장으로 전 세계 컴퓨터는 거대한 네트워크를 통해 연결되며 데이터를 주고받을 수 있게 되었다. 메시지를 주고받을 수 있는 SNS, 원하는 영상을 끊김 없이 볼 수 있는 동영상 스트리밍, 전 세계 사용자가 함께 즐기는 온라인 게임 등이 모두 인터넷 덕분에 가능한 일이다. 하지만 지금은 당연하게 사용하는 이들 서비스 중 어떤 것도 인터넷이 등장한 초창기에는 존재하지 않았다. 인터넷의 활용 범위도 처음에는 그다지 다양하지 않았다.

"네트워크를 위한 실험은 소통이 목적이 아니라 컴퓨터의 계산 능력을 공유하기 위해서다."

초기 아르파넷의 개발을 주도한 연구자의 말이다. 당시 인터넷의 용도가 제한적이었던 이유를 짐작할 수 있는 부분이다. 인터넷이라는 고속도로는 준비되었으나 그 위를 달릴 인터넷 서비스는 거의 마련되지 않은 상황이었다. 그나마 1971년에 이메일 서비스가 개발된 덕분에 한동안 인터넷은 주로 학자들이 이메일을 주고받는 용도로 사용되었다.

1980년대에 들어와 유럽에서 인터넷의 활용도를 획기적으로 끌어 올리며 '판'을 뒤집을 움직임이 시작된다. 웹이 등판을 준비하고 있었다. 웹은 현재 우리가 사용하는 네이버, 다음, 구글 등 세계의 수많은 웹사이트를 등장시킨 기술이다.

웹이 등장하기 전, 인터넷을 통해 주고받는 정보는 주로 문자였다. 웹문서는 문자가 위주인 기존 문서와는 달리 문자, 사진, 소리, 동영상 등 거의 모든 형태의 정보를 하나의 문서에서 볼 수 있도록 만들어졌다. 처음 본 사람에게 웹문서는 마치 영화 <해리포터> 시리즈에 등장하는 말하고 움직이는 마법 책과 다름없었다. 웹은 사람들 사이에 빠르게 퍼져 나갔고 인터넷의 효용 가치와 편리함을 널리 알렸다. 이러한 웹의 대중성 덕분에 웹을 인터넷과 같은 것으로 오해하는 사람도 많이 생겨났다.

웹은 유럽 입자물리 연구소의 소프트웨어 공학자인 팀 버너스 리가 개발했다. 그는 웹문서 작성을 위한 도구로 HTML 언어를 개발했고, 작성한 웹문서를 인터넷을 통해 주고받을 수 있도록 통신규약인 http를 고안했다. 또한 여러 컴퓨터에 흩어져 있는 웹 문서에 쉽게 접근할 수 있도록 문서마다 일종의 주소를 붙였다. 이 주소의 이름은 URL로 일상에서는 흔히 링크라고 부른다. 그의 노력 덕분에 어떤 웹사이트에 들어가든 사진, 동영상, 소리, 문자가 섞여 있는 문서들을 모니터에서 볼 수 있게 되었다. 만약 문서의 어떤 곳을 클릭한다면 해당 문서가 존재하는 주소로 이동할 수 있다.

웹문서를 정상적으로 보기 위해선 웹브라우저라는 전용 프로그램이 필요하다. 웹브라우저는 웹문서 작성에 사용된 HTML 언어를 번역해서 글자, 사진, 동영상, 소리 파일 등을 포함한 문서가 정상적으로 보이도록 표시해 주는 프로그램이다. 버너스리는 최초의 웹브라우저도 개발했는데 그 이름을 월드 와이드 웹이라고 붙였다. 최근에는 크롬, 엣지, 사파리, 파이어폭스 등 다양한 웹브라우저가 등장했다.

웹브라우저를 통해 네이버에 들어가는 과정을 살펴보자. 우선 내 컴퓨터와 네이버의 웹서버는 인터넷을 통해 연결되어 있다.

서버와 클라이언트

데이터를 보내는 일은 일종의 서비스이므로 서버sever라고 한다. 서비스를 제공받는 컴퓨터는 고객이란 의미의 클라이언트client로 불린다.

웹서버란 웹문서를 여러 개 가지고 있다가 누군가 요청하면 보내 주는 컴퓨터다. 다시 말해 '네이버에 들어간다'는 것은 인터넷에 연결된 컴

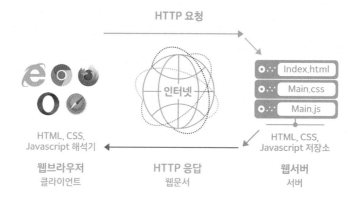

웹문서가 전달되는 과정. 웹문서 안에는 HTML 언어 외에도 웹을 디자인하는 CSS와
웹의 동작을 구현하는 Javascript라는 프로그램도 포함된다.

퓨터 중에서 네이버라는 이름을 가진 컴퓨터에게 '네가 가진 웹
문서를 나한테 보내 줘'라고 요청하는 것이다.

우리가 웹브라우저에 naver.com을 입력하거나 링크를 누르는
순간, 요청 신호가 웹서버로 날아간다. 요청을 받은 웹서버는 가
지고 있는 웹문서 중에서 대표 웹문서를 내 컴퓨터로 보내 준다.
웹브라우저는 전달받은 웹문서의 HTML 언어를 번역해서 네이
버 홈페이지를 화면에 보여 준다.

유튜브처럼 외국에 있는 웹서버와의 통신이라고 다를 리 없다.
요청을 보내고 문서를 받아 화면에 띄우기까지 불과 1초도 안 걸
린다. 인터넷은 정말 멋진 발명품이다.

나사에서는 아직도 386 컴퓨터를 쓴다고?

우주 인터넷 시대가 열리고 있다. 스페이스엑스라는 기업은 통신용 인공위성을 지구 궤도에 올려 인터넷 신호를 주고받는 서비스인 스타링크를 준비하고 있다. 이 기업은 1만 2,000개의 소형 위성을 이용해 초고속 인터넷을 제공하겠다는 포부를 밝히고, 꾸준히 위성을 쏘아 올리고 있다. 이들이 쏘아 올린 위성은 2021년 5월을 기준으로 총 1,737기다.

많은 민간 기업이 우주 개발에 나서고 있지만, 지금처럼 우주 과학 기술이 발전한 데는 미국 항공우주국 나사NASA의 공이 크다. 나사는 인류 최초의 달 착륙과 같이 우주에 대한 호기심과 모험심을 불러일으키는 다양한 프로젝트를 진행해 왔다. 덕분에 이 기관은 미국뿐만 아니라 전 세계인에게 우주 하면 떠오르는 곳

중 하나이자 우주과학의 아이콘이 되었다. 이처럼 최첨단 기술력을 자랑하는 나사가 중고 컴퓨터를 구하느라 애를 쓴 적이 있다. 무슨 사연일까?

컴퓨터의 두뇌, CPU

이야기는 2002년 5월로 거슬러 올라간다. 당시 미국의 일간 신문인 <뉴욕 타임스> 기사에 따르면 나사는 이베이라는 경매 사이트를 통해 약 20년 전에 출시된 컴퓨터의 CPU를 수소문했다. IBM이 1981년에 첫 PC를 출시할 때 쓴 CPU였다. 심지어 나사는 이 구형 CPU를 찾아내기 위해 낡은 의료 장비까지 한 무더기 사들였다고 한다.

나사가 이런 폐품을 수집하게 된 사연은 이렇다. 1981년 나사는 첫 우주 왕복선을 발사했다. 그런데 이 우주 왕복선을 우주로 날려 보낼 로켓을 발사할 때, 보조 추진 로켓의 안전성을 진단하는 장치의 핵심 부품으로 문제의 CPU가 사용되었다. 이렇게 중요한 부품이었지만 20년이라는 시간이 흐르는 동안 해당 CPU는 단종 등의 문제로 갈수록 더 구하기 어려워졌다.

나사는 새 하드웨어와 소프트웨어로 구성된 자동 안전 진단 시스템을 구축하기로 계획을 세웠다. 다만 새 시스템이 완성되는 날까지 낡은 CPU에서 나타날 수 있는 문제에 대비해야 했다. 이에 나사는 중고 컴퓨터와 의료 장비를 수집해 예비용 CPU를 확보하려 한 것이다.

CPU는 컴퓨터의 두뇌 역할을 하는 장치다. 명령어를 해석해 필요한 연산을 수행한 뒤, 그 결과를 저장하고 다른 장치에 명령을 내려 컴퓨터를 작동시킨다. 마치 우리 두뇌가 외부에서 받아들인 정보를 기억하고 적절히 판단한 뒤, 행동에 옮길 수 있도록 신체 기관에 명령을 내리는 것과 같다.

다양한 구성 요소가 하나의 목적을 위해 움직이는 형태를 시스템이라고 한다. 컴퓨터는 데이터 처리라는 목표를 위해 여러 장치가 서로 협력해서 움직이는 하나의 시스템이다. 컴퓨터를 구성하는 장치들은 하드웨어라고 부른다. 미사일 발사와 같은 큰 과업의 수행에서부터 게임, 동영상 분야까지 온갖 용도로 사용하는 컴퓨터 시스템의 하드웨어는 더 빠르고 효율적인 데이터 처리를 위해 계속해서 진화하고 있다.

예를 들어 GPU그래픽 처리 장치를 들 수 있다. 통신 기술의 발달로 인터넷 속도가 빨라진 덕분에 많은 양의 데이터를 처리해야 하는 3차원 게임, 영상 등의 사용이 늘었다. 그런데 이들 그래픽 데이터의 처리까지 CPU에 의존하다 보니 전반적인 시스템의 성능을 끌어 올리지 못하는 상황에 이르렀다. 이에 보다 빠르게 그래픽 데이터를 처리할 수 있도록 만들어진 전문 연산 장치가 바로 GPU다. 최근에는 CPU 못지않게 컴퓨터 성능을 결정하는 중요한 요소로 꼽히고 있다.

컴퓨터는 어떻게 움직일까?

컴맹은 컴퓨터에 관한 지식이 부족하거나 잘 다루지 못하는 사람을 일컫는 말이다. 그런데 스마트폰, 태블릿 등 모바일 기기를 어려움 없이 사용하면서도 자신을 컴맹이라고 말하는 경우가 종종 있다. 이런 사람이 늘어난 것은 휴대성과 편의성이 높은 모바일 기기의 사용 빈도가 높아지고 컴퓨터의 사용자 환경도 이전보다 훨씬 편리해져서 관련 지식이 덜 필요해진 탓으로 보인다.

사실 형태와 용도만 다를 뿐 스마트폰, 태블릿 같은 모바일 기기와 컴퓨터는 구성 요소와 동작 방식이 완전히 같다. 스마트폰이든 컴퓨터든 구성 요소는 거기서 거기이므로, 알아 두면 여러모로 도움이 된다. 사소하게는 스마트폰을 구매할 때 메모리와 저장 공간이 어떻게 다른지부터 학교에서 의무적으로 배우는 소프트웨어 교육에 대한 더 깊이 있는 이해까지 가능하다.

컴퓨터나 스마트폰 광고를 보면 기기의 작동에 꼭 필요한 하드웨어를 확인할 수 있다. 특히 성능에 영향을 미치는 대표적인 구성 요소는 3가지로 CPU, 주기억 장치, 보조 기억 장치를 꼽을 수 있다. 광고에서는 CPU를 프로세서로, 주기억 장치를 메모리로, 보조 기억 장치를 저장 장치로 표현하기도 한다.

CPU는 사람의 두뇌와 달리 데이터를 저장하는 기능이 없다. 그래서 보조 기억 장치가 필요하다. 보조 기억 장치는 CPU가 처리한 데이터를 저장하거나 사진, 동영상처럼 사용자가 만들어 낸 데이터는 물론 사용자가 설치한 앱에 관한 데이터를 저장한다.

사용자가 앱을 실행하면 CPU는 보조 기억 장치에 저장된 앱과 관련된 명령어와 데이터를 가져와서 해석하고, 필요한 연산을 수행한다. 그리고 다른 장치를 동작시켜 사용자가 원하는 결과를 만들어 낸다. 그런데 문제가 있다. CPU의 빠른 연산 속도에 비해 보조 기억 장치의 작동 속도가 너무 느리다는 것이다.

CPU가 제 능력을 발휘하려면 데이터라는 일거리를 빨리 받아서 처리해야 한다. CPU보다 한참 느린 보조 기억 장치를 기다리다 보면 CPU는 일할 시간 대부분을 놓고 있게 된다. 마치 비행기가 자전거와 나란히 속도를 맞춰서 날아가는 것만큼 비효율적이다. 그래서 CPU는 보조 기억 장치를 상대하지 않는다. 대신에 그보다 속도가 빠른 주기억 장치와 함께 일한다.

주기억 장치는 CPU와 보조 기억 장치의 속도 차이를 좁히는 역할을 한다. 예를 들어 사용자가 게임 앱을 터치하는 순간, 보조 기억 장치에 저장된 앱은 주기억 장치로 옮겨지고 CPU가 이를 처리해 게임을 화면에 실행한다. 주기억 장치가 재빨리 일감을 준비해 준 덕분에 CPU는 느린 보조 기억 장치를 기다릴 필요 없이 제 일을 할 수 있는 것이다. 만약 어떤 앱을 실행했을 때 '로딩 중'이라고 표시된다면 이는 보조 기억 장치에 있던 앱을 주기억 장치로 옮기고 있음을 의미한다. 게임, 영상 등을 처리하는 앱은 실행에 필요한 데이터가 많아서 이런 경우가 종종 있다.

세 장치의 관계는 요리사가 요리하는 과정에 비유할 수 있다. 요리사를 CPU, 요리용 식탁을 주기억 장치, 냉장고를 보조 기억 장치 그리고 요리 재료를 데이터라고 하자. 요리사가 완성한 요리는 컴퓨터 사용자가 원하는 결과물이라고 볼 수 있다.

요리사CPU가 요리 재료데이터를 다듬어서 요리결과물를 완성하려고 한다. 필요할 때마다 각종 재료를 냉장고보조 기억 장치에서 꺼내오기보다는 한 번에 가져와서 식탁주기억 장치에 정리해 두는 게 요리를 완성하는 데 드는 시간을 줄여 줄 것이다.

'처음부터 보조 기억 장치 없이 주기억 장치만 쓰면 되지 않을까?'라는 의문이 들 수 있다. 보조 기억 장치를 버리지 않는 이유는 바로 가성비 때문이다. 비록 속도는 주기억 장치보다 느리지만 가격에 비해 저장 공간이 훨씬 커서 보조 기억 장치는 많은 양의 데이터를 저장하는 창고로 쓰기에 유용하다. 반대로 주기억 장치는 빠르지만 가격에 비해 저장 공간이 작아 데이터 보관이 어렵다. 이 사실은 실제 컴퓨터 광고에서도 확인할 수 있다.

구분	A 제품	B 제품
프로세서	4코어 Intel Core i7	8코어 Intel Core i9
메모리	32GB	64GB
저장 장치	4TB	8TB

노트북 사양을 비교한 광고

표에서 A 제품의 주기억 장치메모리는 32기가바이트, 보조 기억 장치저장 장치는 4테라바이트다. 4테라바이트는 환산하면 4,096기가바이트다. 다시 말해 보조 기억 장치의 저장 공간이 주기억 장치보다 128배 더 크다.

입는 컴퓨터에서 날개 달린 컴퓨터로

스마트폰, 태블릿, 컴퓨터는 모두 CPU, 주기억 장치, 보조 기억 장치를 갖추고 컴퓨팅을 수행하는 기기다. 이들 기기처럼 CPU가 주기억 장치에 기억된 프로그램을 처리하는 방식을 '프로그램 내장 방식'이라고 한다. 요한 폰 노이만이라는 수학자가 고안했기 때문에 폰 노이만 구조라고도 부른다. 이 방식 덕분에 현대의 컴퓨팅 기기들이 등장할 수 있었다. 그 이전에 나온 에니악 같은 컴퓨터들은 주기억 장치에 프로그램을 저장할 수 없어서 장치에 달린 수많은 스위치와 전선을 일일이 바꿔 주어야 했다.

스마트폰 이후의 컴퓨팅 기기로 먼저 꼽는 대상은 '웨어러블 기기'다. 시계, 안경, 옷처럼 입거나 착용할 수 있는 형태의 컴퓨팅 기기를 말한다. 요즘 흔히 볼 수 있는 스마트워치나 스마트밴드 등이 대표적인 사례다. 웨어러블 기기는 사용자의 몸에 밀착되므로 자세, 걸음걸이, 맥박 등 신체 정보의 변화를 감지할 수 있다. 또한 현재 위치, 지형의 높낮이 등 주변 환경 정보를 곧바로 수집할 수 있어 건강 관리와 레저, 스포츠 활동 등에 활용된다.

웨어러블 기기 중 대중에게 큰 관심을 받은 제품은 구글 글라스라는 스마트안경이다. 구글이 공개한 이 안경은 고화질 사진과 영상을 촬영할 수 있는 카메라, 도보용 내비게이션으로 쓸 수 있는 지도 앱과 GPS위성 항법 장치를 내장하고 있다. 이들 기능은 음성 인식을 통해 이용할 수 있다.

소개 영상 속에서 구글 글라스를 끼고 하늘을 보면 안경에 날씨 정보가, 길을 걸으면 지도가 표시된다. 이처럼 구글 글라스는 편의성과 활동성을 강조해 관심을 끌었다. 이후 구글의 창립자인 세르게이 브린이 직접 안경을 쓰고 지하철을 타거나 거리를 걷는 사진이 인터넷에 퍼지면서 더욱 큰 주목을 받았다. 비록 비싼 가격과 카메라를 통한 사생활 침해 논란으로 일반 판매는 중단되었지만, 현재 두 번째 버전이 출시되어 기업을 대상으로 판매되고 있다. 구글 글라스는 현실 공간 위에 디지털 정보를 합성해 보여 주는 증강현실 기기에 대한 기대를 불러일으켰다. 증강현실에 관한 관심과 기대는 꾸준히 증가해 현재는 애플이 출시할 애플 글라스로 이어지고 있다.

우리 몸에 착용한 컴퓨터가 하나씩 늘어가는 사이에, 도로 위에는 바퀴 달린 컴퓨터가 점점 늘어나고 있다. 최근 자동차를 구성하는 부품 중 40퍼센트는 전기 전자 장치다. 전기차에서는 그 비율이 70퍼센트까지 올라간다. 사람이 타고 달린다는 사실만 빼면 자동차는 새로운 전자 제품이라고 봐도 좋다. 태블릿을 이용하듯 화면을 터치해 내비게이션, 음악, 동영상 등을 재생할 수 있기 때문이다. 달리고 멈추고 방향을 바꾸는 자동차의 가장 주된 동작에도 전자 장치와 소프트웨어가 개입한다. 컴퓨터처럼 자동차를 채우고 있는 하드웨어가 성능을 충분히 발휘하기 위해서는 최적화된 소프트웨어가 필요하다.

최근 자동차는 사람이 관여하지 않아도 자율주행 소프트웨어가 알아서 주행하는 형태로 진화하고 있다. 현재 우리나라 자동차는 스스로 속도와 차선을 변경할 수는 있지만, 운전자가 핸들과 페달에서 손과 발을 떼는 것은 허용되지 않는 자율주행 2단계에 와 있다. 4단계부터는 사람이 전혀 개입하지 않아도 자율주행 소프트웨어가 모든 데이터를 종합적으로 판단해 도착지까지 안전하게 주행할 수 있다. 이 단계부터는 핸들과 가속 페달조차 필요하지 않아서 자동차라기보다 바퀴 달린 컴퓨터에 자율주행 소프트웨어를 설치한 것과 같다.

자율주행 소프트웨어와 컴퓨팅 기술은 기존 관습을 완전히 깨뜨리고 있다. 예를 들어 자동차에 문제가 생기면 정비소에 갈 필요 없이 소프트웨어 업데이트를 통해 고칠 수 있다. 오랜 기간 같은 차를 가지고 있더라도 주기적인 소프트웨어 업데이트를 통해 시대에 맞는 새로운 버전의 차를 탈 수 있다. 이는 컴퓨터나 스마트폰의 소프트웨어 업데이트와 같은 원리로, 이제 자동차는 단순한 자동차가 아니다.

프로그램 내장 방식을 적용한 하드웨어와 소프트웨어만 있다면 무엇이든 컴퓨팅 기기로서 동작할 수 있다. 컴퓨팅 기기에 바퀴를 단 것처럼 날개를 달지 못할 이유도 없다. 비행기를 이용해 사람을 태우거나 화물을 배송하는 도심 항공 모빌리티UAM가 바로 그것이다. 실제로 한강공원에서 최초로 드론 택시가 시험 비행을 선보이기도 했다. 정부와 업계가 4년 내로 상용화하겠다는 계획을 밝힌 만큼, 날개 달린 컴퓨터가 하늘을 나는 모습을 보게 될 날도 멀지 않았다.

진로 찾기 **웹·앱 프로그램 개발자**

프로그램 개발자는 컴퓨터 프로그램을 만드는 사람을 가리킨다. 최근에는 짧게 개발자라고 불러도 프로그램 개발자를 가리키는 말로 이해되고 있다.

컴퓨터를 온전히 사용하는 데 필요한 2가지 요소로 하드웨어와 소프트웨어를 꼽는다. 하드웨어는 보고 만질 수 있는 장치이고, 소프트웨어는 프로그램을 폭넓게 부르는 또 다른 명칭이다. 소프트웨어가 없다면 제아무리 슈퍼컴퓨터급 하드웨어일지라도 플라스틱과 쇠붙이를 모아 놓은 것에 지나지 않는다. 이 때문에 편리하고 쓸모 있는 프로그램을 만드는 개발자의 역할이 더욱 중요해지고 있다.

10여 년 전만 해도 IT 강국인 우리나라는 정작 개발자에 대한 대우가 다른 나라에 비해 좋지 않았다. 이에 개발자 대부분이 해외 취업을 꿈꿔 훌륭한 인력이 나라 밖으로 빠져나가기도 했다. 하지만 최근 더욱 커지고 있는 IT 산업과 관련 인재 확보의 중요성을 반영하듯 국내 대표 IT 기업의 평균 연봉이 눈에 띄게 올라가고 있어 긍정적인 변화가 기대된다.

프로그램 개발은 목적과 작동 방식에 따라 종류가 다양하다. 목적에 따라서는 시스템 소프트웨어와 응용 소프트웨어로 나눈다. 응용 소프트웨어는 동작 방식에 따라 로컬 앱과 웹 앱으로 구분한다. 개발자 역시 각자 자신만의 전문 영역이 있다. 짧게 웹 개발자 또는 앱 개발자로 부르기도 한다. 참고로 국내 소프트웨어 업계에서 인력 수요가 많은 분야를 순서대로 나열하면 웹, 모바일 앱, 서버 개발, 게임이라고 한다.

개발자는 프로그램 개발을 위한 도구로 프로그래밍 언어를 사용한다. 그런데 사용하는 프로그래밍 언어는 종류가 다양하고 관련 기술의 변화는 빠른 편이다. 따라서 프로그래밍 언어 하나를 깊이 이해하고 활용할 수 있도록 익히고, 실무를 접하면서 필요한 언어를 선택적으로 학습하는 접근이 필요하다. 프로그래밍은 문제를 해결하는 과정이므로 일상에서 접하는 문제 상황을 프로그래밍 관점에서 다양하고 체계적으로 해결해 보려는 시도들이 실력 향상에 도움이 된다.

개발자에게는 경력과 실무 역량이 특히 중요하다. 학력과 자격증이 실력을 보장하지 않기 때문에 개발자 채용 조건으로 학력을 보지 않는 곳도 있다. 하지만 관련 이론과 실습을 쌓고자 한다면 대학에 진학하는 것이 유리할 수 있다. 개발자가 되기 위해 대학에 진학한다면 컴퓨터공학과, 소프트웨어공학과 등 IT와 관련된 학과를 고려해 볼 수 있다.

　최근 많은 IT 기업에서 개발자 채용을 위해 코딩 테스트를 치르고 있다. 코딩 테스트는 개발자의 역량을 가늠할 수 있는 잣대로 합격 여부를 결정하는 데 중요한 역할을 한다. 인터넷에 유명한 기업의 코딩 테스트 문제를 제공하거나 코딩 테스트를 훈련할 수 있는 웹사이트가 여럿 있으니 관심 있는 학생들의 방문과 활용을 권한다. 이들 사이트를 온라인 저지라고 부르며 대표적으로 Programmers, SW Expert Academy, Baekjoon Online Judge 등이 있다.

진로찾기 **산업 디자이너**

산업 디자인은 대량 생산하는 제품을 디자인하거나 소비자가 원하는 서비스나 브랜드를 만드는 일로 그 범위가 매우 넓다.

상품을 디자인하는 제품 디자인은 산업 디자인의 대표적인 영역이다. 성공한 제품 디자인의 예로 애플의 제품을 들 수 있다. 단순하지만 섬세한 디자인의 아이폰과 아이패드부터 버튼 대신 동그란 휠을 이용해 편의성을 높인 아이팟, 컴퓨터 속을 볼 수 있는 소재로 만든 초기의 아이맥까지 애플의 제품들은 늘 시대를 앞서가는 디자인으로 대중의 사랑을 받았다. 이들 제품의 공통점은 모두 조너선 아이브라는 산업 디자이너로부터 탄생했다는 것이다. 그는 애플의 창업자 스티브 잡스와 함께 '단순함의 아름다움'이라는 애플의 디자인 철학을 구축한 인물이다.

산업 디자이너는 스마트폰과 같은 전자 제품은 물론이고 볼펜부터 가구, 자동차, 비행기까지 일상에 필요한 모든 것을 디자인한다. 사용자가 만족하는 디자인을 설계하기 위해서는 제품의 외형과 내부는 물론 기능까지 고려해야 한다. 그래서 무엇보다 사람에 대한 이해와 관심이 중요하다. 예를 들어 보기에 멋진 볼펜이라도 손에 쥐고 사용할 때 불편하다면 사용자의 외면을 받게 된다. 자동차의 경우, 사람이 타기 때문에 멋진 외형 말고도 탑승자의 안전과 안락함까지 고려한 디자인이 필요하다.

디자인의 중심이 사람이라는 사실은 전체 작업 과정을 봐도 알 수 있다. 첫 단계에서 바로 소비자의 취향과 유행, 디자인의 흐름을 파악하고 이를 통해 디자인의 방향을 결정하기 때문이다. 이후 예시로 여러 디자인을 만들고 수정을 거듭하면서 최종 디자인을 결정하게 된다. 결정한 최종 디자인은 기능 부서 또는 제작 부서와 협의해 성능이나 생산에 문제가 없는지 확인하는 과정을 거쳐 제품 생산에 들어간다.

산업 디자이너에게는 사용자의 요구를 파악하고 이를 반영하는 기획력, 창의성과 표현력, 미적 감각, 제품 홍보를 비롯한 전체 작업 과정에 대한 이해가 요구된다. 또한 컴퓨터를 통해 디자인하므로 CAD, CAM과 같은 프로그램을 다룰 수 있는 능력도 필요하다.

산업 디자이너는 경력을 중시하는 직업으로 실무 경험이 있는 사람을 선호한다. 따라서 이 분야에 들어서기 위해 평소 관심 있는 영역의 디자인을 꾸준히 스케치하거나 제작한 작품을 정리해 포트폴리오를 준비하는 것이 좋다.

대학 진학 시 산업디자인학과를 전공한다면 디자인에 필요한 감각과 지식을 익히고 포트폴리오를 다듬는 기간으로 활용할 수 있다. 대학마다 다르지만 산업디자인학과는 예체능 계열로 분류된 경우가 많다. 따라서 미술 과목에 관심을 가지고 포트폴리오를 틈틈이 준비한다면 진학뿐 아니라 취업에도 유용할 것이다. 자동차 디자인처럼 해외에 유명한 디자인 학교가 있는 분야에서 일하고 싶다면, 외국에서 유학하며 자신의 가치를 높이고 경력을 쌓는 길도 있다.

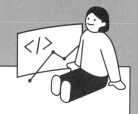

2장

내가
유튜브 알고리즘을
개발한다면

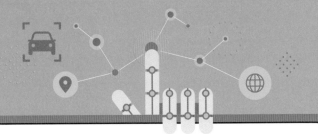

소프트웨어는 전기밥솥부터 자율주행차,
우주 분야와 같은 미래 기술까지 어느 곳에나 있다.
도대체 소프트웨어란 무엇이고 어떻게 만드는 걸까?

데이터와 정보는 어떻게 다를까?

'맛집'은 검색어로 많이 등장하는 단어 중 하나다. 맛있는 음식을 먹고 싶은 마음은 누구나 비슷하다. 메뉴를 정할 때 나와 비슷한 나이의 사람들이 좋아하는 맛집 데이터가 있다면 한 번쯤 참고하고 싶을 것이다. 그런데 만약 돈을 주고 이 데이터를 사야 한다면 어떨까?

우리나라에는 데이터를 거래하는 웹사이트가 있다. 바로 한국데이터거래소다. 이 웹사이트에 가면 여러 유형의 데이터를 사고팔 수 있는데 방송사, 카드사, 통신사 등 다양한 기업이 데이터를 유통하는 과정에 참여하고 있다. 실제로 한 맛집 검색업체는 '연령대별 관심 맛집'이라는 데이터에 100만 원이라는 가격을 매겨 이 웹사이트에 올렸다. 한 끼 메뉴를 정하기 위해 지불하기에는 터무니없이 비싼 가격인데 과연 거래가 될까? 대체 데이터란 무엇이고 어떤 가치가 있길래 이렇게 가격을 매겼을까?

데이터는 재료? 정보는 요리?

데이터는 어떤 현상이나 사실을 관찰하거나 측정해 수집한 자료다. 다음은 무엇을 나타낸 숫자일까?

15, 19, 20, 16···

위 숫자들은 어느 해 5월, 서울의 최고 기온을 날짜별로 나열한 것이다. 이처럼 데이터는 그 자체로는 어떤 의미도 담고 있지 않은 숫자인 경우가 많다. 이런 데이터와 뜻을 혼동하기 쉬운 단어로 '정보'가 있다.

정보는 특정한 목적을 위해 데이터를 변형하거나 처리한 것이다. 미래의 날씨를 예측하기 위해 필요한 데이터를 측정하는 기상청을 예로 들 수 있다. 일기 예보를 위해 수집하는 데이터로는 기온, 강수량, 바람, 습도 등이 있다. 수집한 이들 데이터를 가공하고 처리하면 일기 예보라는 정보가 만들어진다. 요리로 치면 데이터는 요리에 쓰이는 재료이고, 이 데이터를 처리해서 만든 정보는 완성된 요리로 볼 수 있다.

그렇다면 정보를 만드는 데 필요한 데이터에는 어떻게 가격을 매기면 좋을까? 예를 들어 음식점 사업을 시작하려는 사람이 있다고 하자. '연령대별 관심 맛집' 데이터를 적절한 형태로 변형할 수 있다면, 이 데이터는 음식점 상권과 소비자 분석이라는 목적에 유용한 정보가 된다. 따라서 이 사람은 데이터를 사는 데 100만 원을 기꺼이 지불할 것이다. 반면에 같은 데이터지만 한 끼 메뉴를 고르는 사람에게 '연령대별 관심 맛집' 데이터는 너무 비싸서 정보의 이용 가치가 낮다. 이처럼 데이터의 유용성은 그 목적에 따라 상대적이다.

누구나 실생활에서 데이터를 수집하고 처리해 정보를 생산할 수 있다. 예를 들어 '같은 반 친구 20명의 평균 키' 정보가 필요하다고 하자. 이 정보를 생산하기 위해 수집해야 할 데이터는 무엇일까? 바로 같은 반 친구 20명의 키다. 도구를 이용해 키를 측정하면 필요한 데이터를 모을 수 있다. 수집한 데이터를 처리하는 방법은 더 간단하다. 측정한 키 데이터를 모두 더한 뒤, 20으로 나누면 원하는 정보인 평균 키가 만들어진다.

다만 위는 데이터 처리 과정의 이해를 돕고자 든 단순한 예시일 뿐, 컴퓨터의 도움 없이 사람이 일일이 데이터를 수집하고 처리해 정보를 얻는다는 것은 매우 비효율적이다. 컴퓨터의 보급과 인터넷의 등장 이후 매일 생성되고 유통되는 데이터의 양은 사람이 감당할 수 있는 범위를 뛰어넘은 지 오래되었기 때문이다.

컴퓨터, 인터넷의 등장과 데이터의 증가는 어떤 관련이 있을

빅데이터

디지털화 시대에 우리는 끊임없이 데이터를 만들어 낸다. 스마트폰부터 데스크톱 컴퓨터까지 다양한 컴퓨팅 기기를 사용해 쇼핑, 검색, 메시지, 게시물, 사진 등 하루에도 수많은 데이터를 만들고 인터넷을 통해 유통한다. 이렇게 전 세계에서 생산되고 유통되는 다양한 데이터를 빅데이터라 부른다.

까? 컴퓨터는 0과 1로 표현된 디지털 데이터를 처리한다. 그리고 인터넷에 연결된 수많은 컴퓨터와 데이터를 주고받는다. 다시 말해 컴퓨터와 인터넷이 등장한 이후로 편리하게 데이터를 처리하고 공유할 수 있게 되었다.

이에 따라 문자, 그림, 소리, 영상 등 세상의 거의 모든 데이터를 디지털 데이터로 표현하는 디지털화가 일어났다. 동시에 디지털화된 데이터의 양은 계속해서 빠르게 늘고 있다.

세상의 모든 데이터를 집어삼키는 '데이터의 디지털화' 대상은 컴퓨터가 등장하기 전에 기록된 데이터라고 해서 예외는 아니다. 예를 들면 종이에 인쇄된 글이나 사람이 그려 놓은 그림 역시 디지털 데이터로 변환되어 정보로 제공되고 있다.

대표적으로 구글은 출간된 서적 수천 권을 디지털 데이터로 만들어 인터넷에서도 읽을 수 있도록 제공하고 있다. 또한 전 세계에 전시된 그림, 조각상 등의 예술 작품을 정교한 카메라를 통해 디지털 데이터로 변환하고 이를 웹사이트 Google Arts & Culture에 전시하고 있다. 특히 이 서비스는 작품 이미지를 확대해도 화질을 떨어뜨리지 않고 자세히 볼 수 있는 것이 장점이다.

매년 그 유명한 레오나르도 다빈치의 <모나리자>를 눈으로 직접 보기 위해 프랑스 루브르 박물관을 찾는 사람의 수가 적지 않다. 그 멀리까지 가서도 수많은 관람객에 치여 먼발치에서 아주 짧은 시간 동안 그림을 보는 데 만족해야 하는 경우가 대부분이다.

데이터의 디지털화 덕분에 미술관이나 박물관을 찾지 않아도 세상의 모든 예술 작품을 실제보다 더 세세히 감상할 수 있는 시대가 되었다. 해외여행이 어려운 사람에게 이러한 디지털 데이터가 주는 매력은 직접 본 명화가 주는 감동에 못지않을 것이다.

컴퓨터, 데이터를 조리하는 요리사

특정한 목적을 달성하기 위해 각기 다른 구성 요소들이 협력하며 동작하는 것을 시스템이라고 부른다. 시스템이라는 말은 여러 곳에 적용할 수 있다. 쉬운 예로 사람은 다양한 신체 기관과 정신 요소가 어느 하나 빠짐없이 모여 '따로 또 같이' 제 기능을 해야 온전히 돌아가는 하나의 시스템이다. 태블릿, 스마트폰 역시 생김새는 달라도 컴퓨터와 동일한 요소로 구성된다. 그리고 이들 요소가 협력하며 동작할 때 제 기능을 발휘한다. 따라서 이들 모두 컴퓨팅 시스템이라고 부를 수 있다.

컴퓨터라는 시스템은 하드웨어와 소프트웨어라는 두 요소로 구성된다. 하드웨어는 눈으로 보고 손으로 만질 수 있는 형태를 갖춘 컴퓨터 부품을 아울러 부르는 명칭이다. 하드웨어는 수행하는 기능에 따라 입력 장치, 기억 장치, 처리 장치, 출력 장치, 통신 장치로 구분할 수 있다.

요리사가 재료를 다듬고 양념하고 조리하는 과정을 통해 요리가 완성되듯, 컴퓨터가 데이터를 처리하는 과정을 따라가 보면 정보가 생성되는 결과를 확인할 수 있다. 게다가 데이터를 처리하는 각 단계에서 자연스레 하드웨어의 기능도 이해할 수 있다. '같은 반 친구 20명의 평균 키'를 구하는 예를 통해 컴퓨터가 데이터를 처리하는 과정을 살펴보자. 데이터 처리의 시작은 준비한 데이터를 컴퓨터에 입력하는 일이다.

155, 165, 167, … , 170, 168

먼저 측정한 같은 반 친구 20명의 키를 키보드를 이용해 입력한다. 이때 키보드나 마우스처럼 컴퓨터에 데이터를 집어넣는 장치를 '입력 장치'라고 한다. 최근에는 펜을 이용하듯 자연스럽게 필기하거나 그림을 그릴 수 있는 태블릿 같은 입력 장치도 많이 쓰고 있다. 입력 장치는 우리 몸으로 치면 외부 자극을 받아들이는 눈, 귀, 코, 입과 같다.

사람이 눈과 귀로 보고 들

> **데이터 정제**
>
> 컴퓨터는 형태가 매우 다양한 데이터를 다룰 때 실제로 처리할 수 있는 형태로 다듬는 과정이 필요하다. 이를 데이터 정제라고 한다.

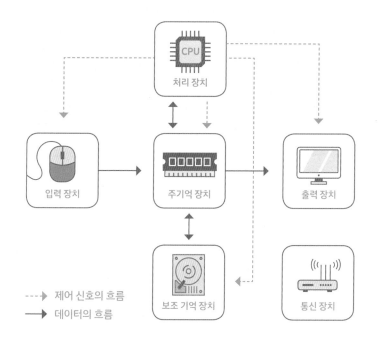

CPU
처리 장치

입력 장치

주기억 장치

출력 장치

보조 기억 장치

통신 장치

- - - ▶ 제어 신호의 흐름
——▶ 데이터의 흐름

하드웨어 구조

은 것을 판단하기 위해서는 받아들인 내용을 먼저 기억하는 단계가 필요하다. 컴퓨터도 입력 장치를 통해 받아들인 데이터를 처리하기 전에 기억하는 과정이 필요한데, 기억 장치가 이 역할을 담당한다.

기억 장치는 컴퓨터가 켜져 있는 동안만 데이터를 기억하는 '주기억 장치'와 컴퓨터가 꺼져도 데이터가 남아 있는 '보조 기억 장치'로 구분된다. 마치 하룻밤 자고 나면 잊어버리는 기억과 몇 년이 흘러도 잊히지 않는 기억 같다. 실제로 사람의 기억 방식도 단기 기억과 장기 기억으로 나뉜다. 비교적 짧은 기간을 기억하는 단기 기억과 그보다 오랜 기간 동안 기억하는 장기 기억은 각각 주기억 장치, 보조 기억 장치와 비슷하다.

주기억 장치에 저장된 친구들의 키 데이터를 더하고 나누는 계산은 '처리 장치'가 담당한다. 처리 장치는 주어진 명령을 판단하고 데이터를 계산하는 기능을 담당하므로 사람의 두뇌와 유사하다. 대표적인 처리 장치로는 CPU가 있다.

우리는 대화 중 상대의 질문에 적절한 답을 생각한 뒤 대답한다. 답을 어떻게든 표현하지 않으면 상대는 내 생각을 알 수 없다. 컴퓨터 역시 데이터를 처리해 얻은 정보를 사용자에게 표현한다. 이 과정은 '출력 장치'가 담당하며, 모니터나 스피커가 여기에 속한다. 최근에는 스마트폰, 태블릿의 터치스크린처럼 출력과 입력을 겸하는 장치들도 많이 쓴다.

지금까지 데이터를 입력, 기억, 처리, 출력하는 과정을 통해 컴퓨터가 정보를 생산하는 과정을 살펴보았다. 여기에 '통신 장치'의 역할을 추가해야 비로소 컴퓨터라는 시스템을 꽃피울 수 있다. 통신 장치는 다른 컴퓨팅 기기와 데이터를 주고받을 수 있도록 도와주는 장치다. 예를 들어 유무선 공유기, 블루투스 등이 있다. 통신 장치 덕분에 컴퓨터는 전 세계를 대상으로 데이터를 수집하고, 이를 처리해 더 유용한 정보를 생산할 수 있게 되었다. 데이터라는 요리 재료를 무궁무진하게 구할 수 있는 정보 전문 요리사가 된 것이다.

달콤한 소프트웨어의 세계

"컴퓨터 사고 처음 켰는데 화면이 이래요. 뭐가 문제죠?"
Reboot and Select proper Boot device
or Insert Boot Media in selected Boot device and press a key

한 인터넷 게시판에 올라온 질문이다. 새로 산 컴퓨터를 켰는데, 온통 까만 화면에 알 수 없는 내용의 영어만 표시된다면 무척 당황스러울 것이다. 왜 익숙한 바탕화면과 아이콘이 보이지 않는 것일까? 결론부터 말하면, 이 문제의 원인은 컴퓨터에 운영체제가 설치되지 않았기 때문이다.

운영체제란 컴퓨터를 구성하는 하드웨어가 잘 작동하도록 제어하는 소프트웨어다. 대표적인 컴퓨터 운영체제로 윈도가 있다. 스탯카운터gs.statcounter.com라는 웹사이트에 가면 다양한 통계를 볼 수 있는데, 이 통계에 따르면 윈도가 전 세계 데스크톱에 73퍼센트 이상 설치되어 있음을 알 수 있다. 압도적인 우위를 차지한 윈도 다음으로는 애플 컴퓨터에 쓰이는 맥 OS와 리눅스, 크롬 OS가 사용되고 있다.

윈도가 설치된 컴퓨터는 제품 가격에 윈도 가격이 포함되어 있다. 컴퓨터를 더 저렴하게 구매하려는 소비자를 위해 운영체제를 빼고 판매하기도 한다. 가격을 비교해 주는 사이트에서 '운영체제 미포함'으로 표시된 제품들이 바로 그런 경우다. 만약 이런 상황을 모른 채 가격만 보고 제품을 구매한다면 인터넷 게시판에 올라온 질문처럼 당황스러운 상황을 경험할 수 있다.

구분	A 제품	B 제품
최저 가격	159만 8,000원	126만 9,000원
화면 크기	15인치	15인치
무게	1.59kg	1.55kg
종류	코어i7 11세대	코어i7 11세대
운영체제	**윈도11 홈**	**미포함(FreeDos)**

비슷한 사양을 가진 노트북의 가격 비교

컴퓨터는 다양한 구성 요소가 유기적으로 동작하는 시스템이다. 이 구성 요소에는 보고 만질 수 있는 장치인 하드웨어뿐만 아니라 이를 활용하기 위한 프로그램인 소프트웨어가 있다. 아무

리 성능이 좋은 하드웨어를 갖추고 있어도 소프트웨어가 없다면 그 컴퓨터는 쓸모가 없다.

사람과 컴퓨터 하드웨어 사이에는 근본적으로 좁히기 어려운 거리가 있다. 컴퓨터는 내부에 흐르는 전기 신호의 높고 낮음을 각각 0과 1로 인식해 모든 데이터를 표현한다. 0부터 9까지 10개의 숫자를 쓰는 십진수 체계에 익숙한 우리에게 이런 디지털 방식은 매우 낯설다. 사람이 컴퓨터 하드웨어의 동작 원리를 익히기 어려운 이유 중 하나다. 사람과 하드웨어 사이의 거리를 좁히고 컴퓨터 사용의 효율을 높이는 역할을 하는 것이 바로 소프트웨어다. 소프트웨어는 그 역할에 따라 크게 응용 소프트웨어와 시스템 소프트웨어로 구분한다.

응용 소프트웨어는 사용자의 필요에 맞는 기능을 제공하는 프로그램을 가리킨다. 게임 플레이, 동영상 시청, 웹 검색, 카메라 촬영, 문서 작성 등 사용자가 컴퓨터를 이용하는 목적은 매우 다

컴퓨터 시스템의 구성

양하다. "필요는 발명의 어머니"라는 토머스 에디슨의 말처럼, 세상에는 사용자의 목적만큼 많은 응용 소프트웨어가 존재한다. 앱 스토어에 등록된 수많은 프로그램이 모두 응용 소프트웨어다.

앱은 응용 소프트웨어를 가리키는 또 다른 명칭이다. 영어로 application software를 우리말로 번역한 것이 응용 소프트웨어인데, 이를 줄여서 애플리케이션application으로 부른다. 최근에는 앞 글자만 따서 어플apple 또는 앱app이란 이름으로 부르고 있다.

앱과 하드웨어는 컴퓨터 시스템의 일부로 서로 협력하며 동작할 때 그 목적을 달성할 수 있다. 예를 들어 카메라 앱으로 사진을 촬영하기 위해서는 당연히 카메라 장치가 제대로 동작해야 한다. 시스템 소프트웨어의 하나인 운영체제의 역할이 중요한 이유가 여기 있다. 운영체제는 다양한 앱이 하드웨어 장치를 편리하게 사용할 수 있는 환경을 제공하고 관리한다.

이러한 운영체제의 역할 덕분에 사용자는 각 하드웨어의 기능과 작동 원리를 전혀 알지 못해도 컴퓨터나 모바일 기기를 문제없이 사용할 수 있다. 그저 아이콘을 클릭하거나 터치하는 단순한 동작만으로 앱을 실행하면 된다.

딱딱하고 이해하기 어려운 하드웨어를 편리하게 사용할 수 있도록 바꾸는 운영체제의 역할을 반영하듯, 스마트폰 운영체제 중 하나인 안드로이드는 버전마다 재미있는 이름을 가지고 있다. 애플파이, 바나나빵, 컵케이크, 도넛, 마시멜로, 요구르트 아이스크림, 생강빵, 아이스크림 샌드위치, 젤리빈, 초콜릿 과자, 막대 사탕 등 디저트를 이름으로 사용한 것이다. 안드로이드를 만든 구글은 운영체제라는 낯설고 어려운 대상을 달콤한 군것질거리와 연결했다. 이 흥미로운 작명 방식은 사용자에게 안드로이드라고 하는 운영체제에 대한 관심을 불러일으키고 친근감을 주는 효과를 발휘했다.

우리나라도 삼성전자에서 타이젠이라는 스마트폰 운영체제를 개발한 사례가 있다. 다만 세계적으로 널리 사용되거나 의미 있는 기록을 남기지 못했다는 점은 아쉽다. 만약 우리나라에서도 성공적인 운영체제가 개발되어 안드로이드처럼 이름을 붙인다면 달고나, 쫀드기 같은 이름을 사용할 수 있지 않을까?

인간의 말을 번역하는 기술

유튜브에 'Evolution Of The Desk'를 검색하면 컴퓨터가 우리의 삶을 얼마나 극적으로 바꾸어 놓았는지 확인할 수 있는 영상이 나온다. 미국 하버드 대학교의 혁신연구소가 제작한 '책상의 진화'라는 제목의 이 영상은 PC의 등장 초기인 1980년부터 현재까지 책상이 변화하는 모습을 시간의 흐름에 따라 보여 준다.

영상에는 과거 책상 위를 차지하고 있던 다양한 도구들이 스마트폰 앱으로 대체되면서 차례차례 사라지는 모습이 그려진다. 짧은 영상인데도 그 과정이 너무 극적이어서 '소프트웨어가 세상의 모든 것을 빨아들인다'라는 생각을 하게 한다.

이러한 변화는 책상에만 해당하는 이야기가 아니다. 생각해 보자. 우리는 다양한 앱에 일상을 의지하고 있다. 알람 앱으로 아침을 시작하고, 날씨 앱을 참고해 옷차림을 결정하며, 버스 앱이나 택시 예약 앱을 이용해 이동한다. 틈틈이 미디어 앱을 통해 음악이나 영상을 감상하며, 취향에 따른 게임을 하거나, SNS 앱을 이용해 주변 사람과 의사소통하기도 한다.

마치 지구상의 모든 물건과 서비스를 집어삼킬 듯한 기세로 확장 중인 소프트웨어는 전기밥솥, 내비게이션, 비디오 게임기부터 자율주행차, 항공, 우주 분야와 같은 미래 기술까지 어느 곳에나 있다. 도대체 소프트웨어란 무엇이고, 어떻게 만드는 걸까?

코딩, 외계인과 친구가 되고 싶다면 시작하세요

소프트웨어는 컴퓨터가 문제를 해결하도록 그 처리 방법과 순서를 표현한 명령어의 집합이다. 컴퓨터 프로그램 또는 줄여서 프로그램이라 부르기도 한다.

컴퓨터 프로그램은 컴퓨터가 할 일을 적은 계획표와 같다. 다만 컴퓨터는 사람과 달리 자기가 할 일을 스스로 계획하지 못하기 때문에 사람이 그 계획표를 대신 짜는 것이다. 이것을 프로그래밍이라고 한다.

프로그래밍은 컴퓨터가 할 일의 순서를 구체적으로 지시한다. 최근에는 프로그래밍 대신 코딩이라는 표현을 자주 사용한다. 프로그램에 작성한 내용을 코드라고 부르는데, 코딩은 이 코드를 쓰는 일을 말한다. 오류 없이 작성된 프로그램이 주어지면 컴퓨터는 모든 지시 사항을 빼먹지 않고 정확하게 실행한다.

아침에 할 일: 1. 양치하기 2. 가방 챙기기 3. 식사하기…

위는 아침에 일어나서 해야 할 일들을 순서대로 적은 것이다. 보통 우리가 계획을 세울 때처럼 프로그래밍을 하면 된다고 생각하기 쉽다. 아쉽게도 프로그래밍은 위와 같이 우리가 일상에서 계획을 세우는 방식으로 이루어지지 않는다. 컴퓨터와 사람은 사고 구조가 전혀 다르기 때문이다.

컴퓨터 안의 전기는 반도체라는 스위치를 통해 0과 1로 바뀌어 표현된다. 컴퓨터가 이해할 수 있는 것은 0과 1뿐이다. 따라서 컴퓨터에게 지시를 내리기 위해서는 특별한 도구가 필요하다.

컴퓨터에게 할 일을 가르치는 도구를 프로그래밍 언어라고 한다. 프로그래밍 언어는 크게 저급 언어와 고급 언어로 구분한다. 저급 언어는 하드웨어를 중심으로 만들어진 언어로, 기계어와 어셈블리어가 있다.

기계어는 프로그래밍 언어 가운데 컴퓨터에게 가장 친절한 언어다. 정해진 규칙을 따라 이진수인 0과 1로만 프로그래밍하기 때문이다. 예를 들어 기계어로 12+13을 계산하는 프로그램을 작성한다고 하자. 12는 이진수로 1100, 13은 이진수로 1101이다. 더하기(+) 명령어는 CPU마다 다르지만, 이 컴퓨터는 더하기를

1111로 표현한다고 가정하자. 결과적으로 12+13을 기계어로 표현하면 1100 1111 1101이 된다.

기계어로 표현된 프로그램은 컴퓨터가 바로 이해할 수 있어 실행 속도가 빠른 장점이 있다. 하지만 사람은 0과 1로만 나열된 기계어를 알아보고 이해하기 어렵다.

0011 1101 0010 1100 1011 0100 1100 1010 …

만약 컴퓨터에 지시할 일이 많다면 기계어 프로그램은 위처럼 0과 1이 계속 늘어날 것이다. 이해와 사용이 어려운 기계어를 이용한 프로그래밍은 효율이 떨어지고 개발 시간도 오래 걸릴 수밖에 없다.

기계어보다 사용이 쉬운 언어로 어셈블리어가 있다. 어셈블리어는 기계어 명령어에 영어 단어나 기호를 붙인 프로그래밍 언어다. 예를 들어 기계어로 더하기 명령어가 1111이라면, 어셈블리어는 0과 1 대신 ADD로 표현한다. 따라서 12+13을 어셈블리어로 표현하면 1100 ADD 1101이 된다.

사람은 숫자보다 의미가 담긴 단어나 기호를 잘 기억하고 인지한다. 그래서 어셈블리어는 기계어보다 이해하기 쉽다. 다만 0과 1밖에 모르는 컴퓨터에게 어셈블리어로 표현된 ADD와 같은 명령어는 외계어나 다름없어서 이를 이해하지 못한다. 따라서 어셈블리어 프로그램을 실행하려면 어셈블리어를 다시 기계어로 바꾸어 전달하는 과정이 필요하다.

어셈블리어는 기계어 프로그래밍의 어려움을 덜어 주고, 개발 시간을 단축하는 효과가 있다. 하지만 기계어와 마찬가지로 사람보다 하드웨어에 가까운 저급 언어이기 때문에 프로그래밍 과정이 효율적이지 못하다. 예컨대 어셈블리어로 로봇에게 '양치하기'를 지시하는 프로그램을 작성한다고 하자.

화장실로 이동한다 → 치약을 잡는다 → 치약 뚜껑을 연다 → 칫솔을 잡는다 → 칫솔에 치약을 바른다 → 3분간 칫솔질한다 → …

이때는 위와 같이 하드웨어의 동작을 구체적으로 지시해 주어야 한다. 어셈블리어는 단어와 기호를 사용해 프로그래밍 과정이 조금 쉬워졌을 뿐, 결국 기계어로 하드웨어를 하나하나 동작시키는 점은 변함이 없다.

CPU마다 기계어가 다르므로 기계어에 대응하는 어셈블리어도 컴퓨터마다 다르다. 이는 특정한 컴퓨터에서 실행되는 어셈블리어 프로그램이 다른 컴퓨터에서는 동작하지 않는 결과를 낳고, 컴퓨터에 따라 프로그램을 변경해 주어야 해서 효율이 떨어진다. 이처럼 어셈블리어 프로그래밍은 하드웨어에 관한 지식이 필요하고 개발 시간도 많이 소요되므로 응용 소프트웨어를 개발하는 데는 적합하지 않다.

사람의 언어를 닮은 고급 언어의 등장

개발자들에게는 기계어나 어셈블리어보다 쉽고 효율적인 프로그래밍 언어가 필요했다. 그래서 평소 사람이 사용하는 언어와 비슷하고, 기계어로 일일이 명령하지 않아도 될 만큼 효율적인 언어들이 만들어졌다.

이들 언어는 사람의 언어에 가깝다고 해서 고급 언어라고 부른다. 1954년 IBM이 과학 기술 계산을 위해 만든 포트란을 시작으로 1959년 사무 처리를 위한 코볼, 교육용 언어로 쓰인 1964년 베이식과 1969년 파스칼 등의 고급 언어가 차례로 개발되었다.

1971년 개발된 C 언어는 고급 언어로서 편리함을 갖추면서 어셈블리어처럼 하드웨어를 깊이 있게 제어할 수 있고, 그 실행 속도도 빨라 소프트웨어 개발에 널리 사용되고 있다. 또한 C 언어는 다른 언어의 등장에 많은 영향을 주었으며, 소프트웨어 교육을 위해 교육 기관에서 활용되기도 한다.

고급 언어의 종류는 여기서 끝이 아니다. C 언어 이후, 다양한 앱을 더 효율적으로 개발하기 위해 새로운 프로그래밍 기법을 적용한 C++나 자바와 같은 언어가 개발되어 널리 활용되고 있다.

우리나라에 피시방 유행을 불러온 게임인 스타크래프트의 개발에도 C++가 사용되었으며, 이 게임과 비슷하지만 먼저 개발된

워크래프트 2의 개발에는 C 언어가 사용되었다.

최근에는 간결하고 직관적인 사용법이 특징인 파이썬이 고등학교 정보 교과서에 실리는 등 학교 수업에서 활발하게 이용되고 있다. 또한 파이썬은 구글, 인스타그램, 넷플릭스 등 이름만 들어도 알 만한 세계적인 인터넷 기업의 서비스 개발에 쓰이고 있다.

실제 사람이 사용하는 언어 못지않게 많은 프로그래밍 언어가 존재한다. 이들 언어는 시대와 필요에 따라 그 인기가 엎치락뒤치락 바뀐다. 티오베www.tiobe.com/tiobe-index는 매달 프로그래밍 언어의 인기 순위를 발표하는 웹사이트다. 이곳의 순위는 구글을 비롯한 전 세계의 유명 검색 사이트의 검색 결과를 토대로 작성된다.

이 사이트를 살펴보면 C 언어, 자바, C++, 파이썬 등의 언어가 오랜 기간 높은 순위를 차지하고 있음을 알 수 있다. 특히 C 언어는 티오베 순위가 생긴 이후 줄곧 1, 2위를 놓치지 않은 인기 언어다. 다만 최근 몇 년 사이에 파이썬의 인기가 빠르게 오르면서 C 언어와 엎치락뒤치락 1위 자리를 주고받고 있다.

최고의 프로그래밍 언어를 찾아서

가장 좋은 프로그래밍 언어는 무엇일까? 단순히 인기 순위가 높으면 좋은 언어일까? 간단한 코드를 통해 티오베 상위에 있는 프로그래밍 언어의 겉모습을 살짝 살펴보자. 다음은 C 언어, C++,

자바, 파이썬의 코드를 순서대로 나타낸 것이다. 네 종류의 코드를 실행했을 때 어떤 결과가 나타날까?

1) C 언어

```
#include <stdio.h>
int main()
{
    printf("Hello, world!")
    return 0;
}
```

2) C++

```
#include <iostream>
using namespace std;
int main()
{
    cout << "Hello, world!" << endl;
    return 0;
}
```

3) 자바

```java
public class HelloWorld {
    public static void main(String[] args) {
        System.out.println("Hello, world!");
    }
}
```

4) 파이썬

```python
print("Hello, world!")
```

코드의 겉모습은 다르지만, 이들은 모두 똑같은 실행 결과를 화면에 출력한다.

Hello, world!

'세상아 안녕!' 지금까지 살펴본 모든 코드는 컴퓨터가 세상을 향해 인사를 건네도록 지시하는 코드다. 이처럼

> **Hello, world!**
>
> 프로그래밍을 배운 이들이라면 누구나 알 법한 말이다. 이 코드는 C 언어를 개발한 데니스 리치가 브라이언 커니핸과 함께 쓴 C 언어 교재에 첫 실습 코드로 실린 것이다. 이후에는 거의 모든 프로그래밍 언어를 익히는 첫 단계에 필수 코스처럼 쓰이고 있다.

동일한 결과를 수행하는 코드도 프로그래밍 언어에 따라 그 표현 방식이 다르다. 마치 'Hi', 'こんにちは', '你好', '안녕'처럼 같은 의미라도 언어별로 다르게 표현되는 것과 마찬가지다.

첫 질문으로 돌아가서 네 언어 중 최고의 언어는 과연 무엇일까? 단 한 줄로 짧게 표현할 수 있는 파이썬이 가장 좋은 프로그래밍 언어일까? 그렇지 않다. 프로그래밍 언어를 선택하는 데 정답은 없기 때문이다. 언어마다 장단점이 다르고 주로 활용되는 분야도 다르다. 따라서 코딩하는 목적과 자신의 수준이 어떠한지를 파악하는 것이 먼저다. 그 후에 목적과 수준에 적합한 특징을 갖춘 언어를 선택해야 한다.

프로그래밍 학습의 어려움은 주로 문자를 입력하는 과정에서 비롯된다. SNS 메시지를 전송할 때 발생하는 '오타'처럼 사소한 입력 오류는 일상에서 큰 문제가 되지 않는다. 하지만 프로그래밍에서 오타는 자주 골치 아픈 상황으로 이어진다. 앞뒤 꽉 막힌 컴퓨터는 사람처럼 상황과 대화의 흐름을 통해 그 의미를 유추하고 넘어가 주지 않는다. 단순한 기호, 알파벳 하나만 잘못 입력해도 무조건 오류가 나타난다. 이처럼 코드를 작성할 때 흔히 발생하는 입력 오류는 학습자의 학습 의욕과 효율을 떨어뜨린다. 비교적 이해가 쉽다는 파이썬 역시 입력 오류를 피할 수는 없다.

교육용 프로그래밍 언어의 최고 장점은 마우스를 활용해 블록을 끼워 맞추는 코드 작성 방식에 있다. 마우스 드래그를 통해 시각적으로 코드를 작성함으로써 문자를 입력할 때 오류가 발생할 가능성을 아예 없앤 것이다. 덕분에 학습자는 잘못 쓰거나 빼먹은 글자 때문에 발생한 오류를 찾느라 시간과 에너지를 소모할 필요가 없다. 그저 프로그램이 정상적으로 실행되도록 논리적인 코드 작성에만 집중하면 된다.

사용자의 아이디어를 빠르게 산출할 때 역시 교육용 프로그래밍 언어가 좋은 답이 될 수 있다. 스크래치scratch.mit.edu나 엔트리playentry.org 같은 대표적인 교육용 프로그래밍 언어의 웹사이트에는 전 세계 사용자들이 만든 다양한 프로그램이 공유되어 있다. 특히 게임 프로그램이 많은 비중을 차지한다. 자유롭게 서로의 코드를 살펴보고 사용할 수 있어서 이를 활용하면 자신만의 게임을 쉽게 만들 수 있다.

지금 필요한 건 뭐? 컴퓨팅 사고력!

"소프트웨어는 공기와 같다."

자유 소프트웨어 재단을 이끈 리처드 스톨먼이 한 말이다. 그의 말처럼 소프트웨어는 공기처럼 어디에나 있으며, 너무 중요해서 없으면 살아갈 수 없는 존재가 되었다. 오늘날 여러 나라는 소프트웨어 경쟁력을 갖추어 다른 나라보다 앞서기 위해 노력하고 있다.

대표적인 예로 소프트웨어 교육을 들 수 있다. 우리나라 교육부는 초등학교 5~6학년 학생과 중학생을 대상으로 소프트웨어 교육을 의무화했다. 이로써 우리나라 학생은 초등학교 실과교과와 중학교 정보교과 수업을 통해 관련 내용을 학습하게 되었다.

교육부는 소프트웨어 교육의 목표를 컴퓨팅 사고력을 가진 창의적이고 융합적인 인재 양성이라고 밝혔다. 이 문장에서 핵심어는 '컴퓨팅 사고력'이다. 컴퓨팅 사고력은 지넷 윙 교수의 논문을 통해 연구자들 사이에 다양한 논의를 불러일으킨 개념이다. 윙 교수는 컴퓨팅 사고력을 '컴퓨팅을 활용한 문제 해결 능력 및 그 사고 과정'으로 정의했다.

컴퓨팅 사고력이 일반적인 문제 해결 능력과 다른 점은 문제 해결에 컴퓨팅을 활용한다는 것이다. 컴퓨팅이란 단순한 숫자 계산을 넘어 컴퓨터 기술과 하드웨어 자원을 사용하는 모든 활동을 의미한다.

2013년 노벨 화학상 수상자들의 업적은 컴퓨팅을 통한 문제 해결의 좋은 예다. 당시 노벨 화학상은 컴퓨터 시뮬레이션 프로그램 '참 CHARM'을 개발한 과학자 3명

> **컴퓨팅 파워**
>
> 사람은 단순 반복되는 일을 싫어하며, 그 과정에서 실수를 하거나 쉽게 지친다. 반면에 컴퓨터는 빠르고 정확하며 싫증을 내지 않는다. 컴퓨팅 시스템이 가진 이러한 능력을 컴퓨팅 파워라고 부른다.

에게 돌아갔다. 노벨위원회는 참 덕에 플라스틱 공과 막대가 아닌 컴퓨터로 화학 분자 모델을 분석하고 화학 반응을 예측하게 되었다고 시상 이유를 밝혔다.

컴퓨터 시뮬레이션 프로그램인 참이 다루는 문제는 얼마나 복잡할까? 한양대학교 화학과의 원영도 교수는 <KISTI의 과학향기> 제1990호에서 분자 사이에 화학 반응이 일어날 때 원자들이 움직이는 모습을 '포켓볼 공'에 비유했다.

수백만 개의 공들이 제멋대로 움직이는 모습을 한번 상상해 보자. 과학자들이 다루는 문제는 평면인 당구대가 아니라 3차원 공간에서 수백만 개에 이르는 공들의 움직임을 예측하는 일과 같다. 원자의 움직임을 실험과 계산으로 예측하는 과정이 얼마나 복잡하고 어려운지 짐작해 볼 수 있다.

컴퓨팅을 활용한 문제 해결 방식은 더욱 많은 분야에 적용되고 있다. 이와 더불어 컴퓨팅 사고력의 필요성도 더욱 강조되고 있다. 컴퓨팅 사고력을 구성하는 요소는 연구자에 따라 다양하다. 그중에서도 윙 교수는 2가지 구성 요소로 추상화와 자동화를 제시했다.

'추상화'란 문제를 해결 가능한 형태로 표현하는 단계다. 구체적으로 문제 해결에 필요한 자료를 수집해 분석하고, 문제의 핵심 요소를 뽑아내거나 문제를 잘게 쪼개서 간결하게 표현하는 단계가 여기에 속한다.

추상화를 거치면 문제 해결을 위한 방법, 즉 해법을 도출할 수 있다. 이렇게 알아낸 해법을 알고리즘이라고 하는데, 문제 해결을 위한 논리적인 방법을 순서대로 표현한 것을 뜻한다. '자동화'란 이 알고리즘을 컴퓨터가 이해할 수 있는 언어로 표현하는 과정이다. 컴퓨팅 기기가 실제로 문제를 해결할 수 있도록 프로그래밍 언어를 이용해 프로그램을 구현한다.

윙 교수는 컴퓨팅 사고력이 모든 사람에게 필요한 기본 능력이라고 보았다. 윙 교수의 주장을 뒷받침하는 근거는 현실에서 다양하게 나타나고 있다. 컴퓨팅 사고력이 필요한 분야는 단순히 IT 영역에 머물지 않고 더욱 넓어지고 있다.

예를 들어 생명정보학은 분자 수준에서 생명 현상을 연구하는 분야로, 생물체에서 수집한 많은 양의 데이터로부터 쓸모 있는 지식을 얻기 위해 컴퓨팅을 이용한다. 또한 컴퓨팅을 활용한 사회학 연구가 일반화되면서 집을 방문하거나 길거리에서 사람들의 생각을 묻는 조사 방식은 점차 사라지고 있다. 컴퓨팅을 활용하면 SNS나 수많은 웹사이트의 데이터를 불과 몇 초 만에 분석할 수 있기 때문이다. 이처럼 컴퓨팅을 통해 강화된 문제 해결 능력은 화학, 생물학, 인문사회, 예술 등 다양한 영역에서 중요한 자질로 받아들여지고 있다.

누가 요즘 네이버에서 검색해요?

I googled it.

'인터넷으로 검색했다'를 뜻하는 영어 표현이다. 이 표현은 영어 사전은 물론 영어 교재에 예문으로 등장할 만큼 일상에서 널리 쓰는 말이다. 구글은 검색 엔진의 대명사로도 모자라 검색하는 행위를 대표하는 동사가 되었다.

국내에서 가장 많이 사용되는 검색 엔진은 단연 네이버다. 하지만 사정이 달라졌다. 네이버는 구글의 맹렬한 추격에 점점 그 자리를 내어 주고 있다. 검색 엔진의 점유율을 조사하는 웹사이트인 인터넷 트렌드www.internettrend.co.kr에 따르면 최근 네이버와 구글의 격차가 많이 좁혀졌다. 3위인 다음의 점유율은 1, 2위에서 한참 뒤떨어져 있다. 과거 구글은 우리나라에 진출한 후 한동안 2위인 다음의 점유율에도 못 미쳤다. 그동안 검색 엔진을 둘러싼 환경에는 무슨 일이 있었던 걸까?

알고리즘, 일등 맛집의 비밀 레시피

구글이 도약할 수 있던 배경으로 유튜브의 역할을 빼놓을 수 없다. 유튜브는 빠른 인터넷 전송 속도와 안정적인 스트리밍 기술을 바탕으로 용량이 큰 동영상 데이터를 끊김 없이 전송한다. 그 안에서 유튜버는 수익을 얻기 위해 인기를 끌 콘텐츠 제작에 노력한다. 사용자 역시 유튜브의 영상 정보를 선호한다. 온갖 분야의 전문가들이 쉽고 재미있는 영상으로 정보를 제공하는데 굳이 글로 쓴 정보를 읽고 이해하려 노력할 필요를 못 느끼기 때문이다.

유튜브의 경쟁력은 숫자로 증명된다. 유튜브가 보유한 수많은 콘텐츠, 유튜버와 사용자 수 등 눈에 보이는 수치만으로도 경쟁 기업을 압도한다. 하지만 유튜브의 진정한 힘은 눈에 보이지 않는 알고리즘에 있다.

'알고리즘이 나를 이곳으로 이끌었다.' 유튜브에서 자동으로 재생한 영상에 흔히 달리는 댓글이다. 유튜브의 추천 알고리즘은 사용자가 시청한 영상과 관련한 데이터를 분석해 그 사람이 좋아할 만한 영상을 자동으로 추천한다. 유튜브 사용자라면 알고리즘이 이끄는 대로 줄줄이 이어지는 영상을 시청하거나 검색을 통해서는 찾지 못했던 '입맛에 맞는' 영상을 발견하는 경험을 해 봤을 것이다.

알고리즘의 힘은 통계로도 확인된다. 유튜브의 최고 상품 담당 자는 2019년 <뉴욕 타임스>와의 인터뷰에서 "유튜브 이용자들의 시청 시간 70퍼센트가 추천 알고리즘에 의한 결과이며, 알고리즘의 도입으로 총 비디오 시청 시간이 20배 이상 증가했다."라고 밝혔다. 넷플릭스 역시 추천 알고리즘을 통해 비슷한 비율의 매출을 올렸다고 밝혔지만, 이 기업의 통계는 기밀에 부쳐져 구체적으로 밝혀진 바는 없다.

알고리즘은 문제 해결을 위한 구체적인 절차나 방법을 의미한다. 알고리즘은 단순히 컴퓨터 소프트웨어 제작에 한정되지 않고 폭넓게 사용되며 컴퓨터가 등장하기 훨씬 이전부터 사용되었다.

발음부터 낯선 알고리즘이란 단어는 9세기 페르시아의 수학자였던 무함마드 알콰리즈미의 이름에서 유래했다. 그는 인도에서 받아들인 십진법을 이용해 계산하는 기법을 책으로 썼다. 이 책을 통해 십진법이 아라비아 지역에서 유럽으로 전파되었는데, 그 영향력이 어찌나 컸는지 0부터 9까지 10개의 숫자는 원래 인도 숫자지만 아직까지도 아라비아 숫자로 불리고 있다.

현재 알려진 것 중 알고리즘에 대한 가장 오래된 기록은 약 4,000년을 거슬러 올라간다. 기원전 1800년경에 제작된 바빌로니아 점토판에는 계산을 위한 과정이 단계별로 기록되어 있다.

바빌로니아 점토판

알고리즘은 라면 조리법에 빗대어 설명할 수 있다. 라면 조리법이 어떻게 문제 해결 방법이 될 수 있을까? 문제란 내가 원하는 상황에 도달하지 못한 상태를 의미한다. 이를 현재 상태라 하자. 문제 해결은 현재 상태를 원하는 상태, 즉 목표 상태로 바꾸는 것이다. 따라서 제품 상태의 라면을 먹을 수 있는 상태로 조리하는 것은 일종의 문제 해결 과정으로 볼 수 있다.

1. 물 550밀리리터를 끓인다.
2. 분말수프를 넣고 면을 넣은 후 4분간 더 끓인다.

라면 조리법은 실생활에서 알고리즘의 핵심인 문제 해결 과정을 간단명료하게 살펴볼 수 있는 사례다. 사실 생활 속 활동이 대부분 알고리즘을 통해 이루어진다. 집에서 약속 장소까지 가는 빠른 길 찾기, 편의점에서 필요한 물건 사오기, 팬케이크 굽기 등 모두 알고리즘의 형태로 표현하고 실행할 수 있다.

다만 컴퓨터과학에서 말하는 알고리즘은 몇 가지 조건을 만족해야 한다. 문제 해결의 주체가 사람이 아닌 컴퓨터이므로 알고리즘은 프로그래밍 언어로 표현할 수 있어야 하는데, 이를 '구현'이라고 부른다. 구현된 알고리즘은 컴퓨터가 실행할 수 있어야 한다. 이를 위해 알고리즘에는 입력, 출력, 명확성, 유한성, 효율성이라는 5가지 조건이 필요하다.

조건	내용
입력	외부에서 제공되는 데이터가 0개 이상 필요하다.
출력	적어도 1개 이상의 결과를 내야 한다.
명확성	각 단계는 모호하지 않고 명확해야 한다.
유한성	한정된 단계를 수행한 후 끝나야 한다.
효율성	모든 단계는 명백하게 실행 가능해야 한다.

알고리즘에 필요한 5가지 조건

같은 반 친구들의 평균 키를 구하는 알고리즘을 통해 각 조건을 살펴보자.

1단계: 반 친구들의 키를 입력한다.

2단계: 1단계에서 입력한 수치를 모두 더한다.

3단계: 2단계에서 구한 합을 반 친구들의 수로 나눈다.

4단계: 3단계에서 구한 평균 키를 화면에 출력한다.

1단계에서 반 친구들의 키가 컴퓨터에 주어지므로 입력 조건을 충족한다. 데이터가 0개 이상 필요하다는 것은 컴퓨터에 주어지는 입력이 있거나 없을 수 있다는 의미다. 4단계에서 알고리즘의 실행 결과인 반 친구들의 평균 키가 화면에 나타나므로 출력 조건을 충족한다. 1단계부터 4단계까지는 표현된 내용이 명확하며 실행 가능하므로 명확성과 효율성을 충족한다. 그리고 모든 단계를 수행하고 나면 알고리즘은 끝을 맺으므로 유한성을 충족한다.

일상에서 자주 사용하는 길 찾기 앱도 알고리즘의 5가지 조건을 충족한다. 출발지와 목적지, 지도 데이터가 입력으로 주어지며 알고리즘의 실행 결과로 가장 빠른 경로가 출력된다. 프로그램으로 구현하고 이를 실행해 출력 결과를 얻기 위해 명확성, 유한성, 효율성은 당연히 필요한 조건이다.

유튜브 알고리즘에 숨은 취향 저격의 원리

세계적으로 20억 명이 넘는 사용자를 보유한 유튜브는 2명의 창업자가 파티에서 촬영한 영상을 쉽게 공유했으면 좋겠다는 생각에서 시작되었다. 당시만 해도 사진을 공유하기 위한 서비스는 많았지만, 영상을 간편하게 올리고 시청할 수 있는 서비스는 없었기 때문이다.

유튜브는 서비스를 시작한 지 반년 만에 사용자 200만 명을 확보했다. 그 가능성을 알아본 구글은 당시 2년도 채 되지 않았던 유튜브를 사들여 지금의 거대 동영상 플랫폼으로 키웠다. 유튜브가 이처럼 크게 성장할 수 있었던 배경에는 알고리즘이 있다. 구글이 만든 유튜브 알고리즘에는 어떤 원리가 숨어 있을까?

유튜브 알고리즘의 핵심은 사용자가 더 많은 영상을 더 오래 보고 유튜브를 자주 찾게 만드는 것이다. 그래서 사용자가 좋아

> **섬네일**
>
> 사진, 영상 등의 콘텐츠를 열어 보기 전에 미리 확인할 수 있도록 작게 만든 이미지를 말한다.

할 거라고 예상되는 영상을 찾아 추천한다. 분석 대상에는 한눈에 확인할 수 있는 조회 수, 구독자 수, 댓글 수, 좋아요와 싫어요 수부터 영상 제목과 섬네일 등 영상에 대한 설명까지 포함된다. 또한 사용자의 영상 시청 시간과 과거에 시청한 영상까지 다양한 데이터를 분석한다. 유튜브 알고리즘은 이들 데이터를 종합적으로 분석해 영상을 추천하며 최적의 결과를 얻기 위해 개선을 거듭하고 있다.

한동안 유튜브 알고리즘은 높은 조회 수를 기록한 영상을 주로 추천했다. 많은 사람이 한 번이라도 클릭한 영상은 누구나 좋아할 가능성이 있기 때문이다. 실제로 추천 영상에 조회 수가 높은 영상을 제시했더니 클릭하는 비율이 높아졌다. 그러나 조회 수를 중심으로 한 추천 알고리즘의 장점은 곧 단점으로 작용했다.

알고리즘의 작동 원리를 파악한 채널 운영자들은 이를 역으로 이용했다. 조회 수만 높여 놓으면 알고리즘이 알아서 추천해 준다는 점을 이용해 사용자들의 클릭을 유도하는 데만 집중한 것이다. 결국 추천 목록에는 자극적인 제목과 섬네일로 사용자를 낚시질하는 영상이 늘어났다. 이들 영상의 내용과 수준은 사용자의 기대에 못 미쳤기 때문에 추천 알고리즘에 대한 사용자의 만족감은 떨어질 수밖에 없었다.

구글은 알고리즘의 추천 기준을 조회 수에서 시청 시간으로 바꾸었다. 사용자는 재미있고 볼 만한 가치가 있는 영상을 되도록 더 길게, 끝까지 보고 싶어 할 것이기 때문이다. 하지만 이 역시 보완이 필요했다. 단순히 끝까지 본 영상의 수나 시간 같은 양이 늘어난다고 만족도가 높아지는 것은 아니었다. 이에 구글은 영상을 끝까지 시청한 비율을 높이기 위해 짧은 영상만 만드는 것, 시청 시간을 늘리기 위해 긴 영상을 만드는 것 중 어느 쪽도 추천에 우선순위를 두지 않으며, 사용자가 보고 싶어 하는 영상을 우선 추천한다고 밝혔다.

그런데 사용자가 보고 싶어 하고 만족할 만한 영상을 어떻게 구별할 수 있을까? 유튜브는 사용자의 응답을 직접 측정하기 시작했다. 기본적으로 영상에 달린 좋아요와 싫어요, 공유 등의 수를 우선순위에 반영하고, 설문조사를 통해 사용자의 주관적인 만족도를 측정하는 식이었다. 여기에 알고리즘을 인공지능에 기반한 방식으로 전환하면서 개인에 맞춘 추천이 가능해졌다.

구글은 2016년에 <YouTube 추천을 위한 심층 신경망>이란 논문을 발표했다. 이 논문을 보면 유튜브 알고리즘의 작동 원리를 파악할 수 있다.

유튜브 알고리즘은 2단계를 거쳐 작동한다. 1단계는 유튜브 영상 중에서 추천 순위에 올릴 후보군을 생성하는 단계다. 알고리즘은 사용자가 이전에 시청한 영상 목록, 검색 기록, 성별, 연령,

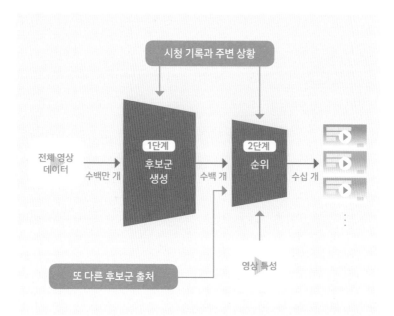

유튜브 알고리즘의 구조

사는 곳 등을 분석해 많은 영상 중에서 사용자가 좋아할 만한 영상을 대략 추려 낸다.

2단계는 후보군에서 사용자에게 추천할 영상에 순위를 매기는 단계다. 1단계에서 추려 낸 영상과 사용자 정보를 깊이 있게 분석한 다음, 사용자의 만족도를 미리 추측하고 순위를 매겨 높은 순으로 추천한다.

추천 영상을 선택하는 과정을 굳이 2단계로 나눈 것은 후보군 생성을 통해 분석할 영상의 범위를 줄이기 위해서다. 이러한 전략은 알고리즘이 수행할 연산을 줄여 효율을 높일 수 있다.

아마존은 어떻게 필요한 물건을 미리 알까?

한국은행의 집계에 따르면 2020년 전자상거래와 통신 판매에 쓰인 신용카드 결제액이 100조 원을 넘겼다. 관련 집계를 시작한 지 10여 넌 만에 처음 있는 일이다. 일부러 매장을 찾지 않아도 몇 번의 클릭만으로 원하는 제품을 받아 볼 수 있는 편리함 덕에 인터넷 쇼핑은 계속해서 증가하고 있다.

물론 불편함도 없지 않다. 실물을 보지 못한 채 제품을 구입하기 때문에 제품에 대한 정보를 충분히 찾아보지 않았다면 반품 또는 교환을 하는 불편을 경험하기도 한다. 후회 없는 인터넷 쇼핑을 위해 정보 수집은 필수다. 발품 대신 '손가락 품' 정도는 팔아야 한다. 관심 제품의 후기를 찾아 읽고 더 나은 제품은 없는지 경쟁사와 장단점을 비교해 볼 때 쇼핑의 만족도가 높아진다.

추천 알고리즘은 영상 선택뿐 아니라 제품 구입에 필요한 수고도 덜어 주었다. 아마존은 제품 판매를 위해 추천 알고리즘을 가장 적극적으로 활용하는 기업이다. 인터넷 서점으로 시작한 아마존은 현재 거의 모든 제품을 판매하는 인터넷 쇼핑몰이 되었다. 미국 소비자의 50퍼센트가 아마존에서 물건을 구입하고, 전 세계 인터넷 판매의 40퍼센트가 아마존에서 이루어진다고 한다.

아마존은 사업 초기부터 추천 알고리즘을 활용했다. 경영 컨설팅 기업인 맥킨지앤드컴퍼니에 따르면 알고리즘이 추천한 제품이 전체 판매의 35퍼센트 이상을 차지한다. 그만큼 추천 알고리즘은 아마존의 성장을 이끈 원동력이다.

아마존의 추천 알고리즘은 로그인한 사용자에 따라 개인 맞춤형 추천 제품을 홈 화면에 표시한다. 그리고 제품을 클릭했을 때 나타나는 정보에는 그 제품과 관련해 추가 구입하거나 대체할 만한 물건을 표시한다. 예를 들어 어떤 제조사의 휴대전화 케이스를 클릭하면 함께 사용할 액정 보호 필름뿐 아니라 다른 제조사의 휴대전화 케이스를 같이 보여 준다.

아마존의 대표적인 추천 알고리즘으로는 협업 필터링이 있다. 협업 필터링은 사용자 기반 필터링과 아이템 기반 필터링으로 나뉜다. 먼저 사용자 기반 필터링은 비슷한 취향과 성향을 가진 사용자를 찾는 알고리즘이다. 다시 말해 '좋아하는 제품이 많이

사용자 기반 필터링

비슷한
취향의
사용자로
판단함

아이템 기반 필터링

비슷한
제품으로
판단함

협업 필터링의 종류

겹치는 사람은 취향도 비슷할 것이다'라는 논리를 따른다. 3명의 사용자를 통해 사용자 기반 필터링을 살펴보자. A는 태블릿, 모자, 노트북, 운동화를 보거나 구입한 기록이 있다. B는 모자를 보거나 구입했다. C는 모자와 노트북을 보거나 구입했다. 이때 추천 알고리즘은 C가 B보다는 A와 비슷한 취향을 가진 것으로 판단한다. 따라서 C가 아직 보거나 구입한 적은 없지만 A처럼 태블릿과 운동화에도 관심을 가질 거라 보고 이들 제품을 추천한다.

아이템 기반 필터링은 사용자가 검색하거나 구입한 제품과 비슷한 제품을 찾아서 추천하는 알고리즘이다. 국내 인터넷 서점들도 아이템 기반 필터링을 사용하고 있다. 예를 들면 '이 제품을 구입하신 분들이 구입한 다른 제품' 또는 '지금 이 제품을 클릭한 분들이 클릭한 다른 제품'과 같은 문구와 함께 추천되는 제품들은 모두 아이템 기반 필터링의 결과물이다.

아이템 기반 필터링이 작동하는 방식은 다음과 같다. A는 태블릿, 노트북, 운동화를 검색한 기록이 있다. B는 태블릿과 노트북을 검색했다. 이때 아이템 기반 필터링은 A와 B가 모두 검색한 노트북과 태블릿을 닮은 점이 많고 비슷한 제품으로 간주한다. 따라서 C가 노트북을 검색한다면, 노트북 페이지에 닮은꼴 상품인 태블릿을 추천한다. 마치 "저 물건 찾는 손님들은 꼭 이 물건도 함께 찾으시더라고요. 한번 보세요."라며 슬쩍 추가 구입을 유도하는 노련한 판매 사원과 비슷하다.

진로 찾기 네트워크 엔지니어

네트워크 엔지니어는 기업의 업무 또는 사업에 필요한 네트워크를 관리하는 사람이다. 네트워크를 구성하는 요소는 매우 다양하지만, 크게 하드웨어와 소프트웨어라는 2개의 축으로 나눌 수 있다. 네트워크 엔지니어는 새로운 네트워크를 구축할 때 필요한 하드웨어와 소프트웨어를 분석하거나 이미 구축된 네트워크의 구조를 평가해 문제점을 개선하는 역할을 한다. 네트워크를 주기적으로 관찰하며 장애가 발생했을 때 신속하게 원인을 찾아 복구할 수 있는 대책을 마련하기도 한다.

네트워크 엔지니어에게는 새롭게 등장하는 기술의 흐름을 지속적으로 공부하고 이를 현장에 적용하는 능력이 필요하다. 이때 관련 기술 문서가 대부분 영어로 작성되어 있으므로 이들 문서를 읽고 이해할 수 있는 능력이 함께 요구된다. 외국계 기업의 네트워크를 관리하는 경우도 있으니 영어 회화 능력을 갖춘다면 원활한 업무 수행과 경력 관리에 유리하다.

네트워크 엔지니어를 꿈꾸는 사람에게 가장 도움이 될 만한 자격증은 CCNA^{Cisco Certified Network Associate}다. CCNA는 세계 1위 네트워크 장비 제조사인 시스코가 직접 관리하며 네트워크 기술력을 검증하는 가장 기초적인 자격증이다. CCNA보다 높은 단계의 자격증으로 CCNP^{Cisco Certified Network Professional}가 있다. 네트워크에 연결된 컴퓨터 같은 기기를 노드라고 부르는데, CCNP는 노드 100~500개로 구성된 중간 규모의 네트워크 관리에 필요한 지식을 갖추고 있는지 검증하는 자격증이다.

네트워크 엔지니어와 관련된 대학 전공으로는 정보통신공학, 컴퓨터공학, 전자공학 등이 대표적이다. 이들 학과를 전공할 경우 취업에 유리할 수 있다. 실제로 현직 종사자 중에는 공학 계열 출신이 대부분이다. 하지만 국가에서 교육비를 지원하는 국비 지원 사업을 통해 관련 과정을 이수하고 취업한 사례도 적지 않다. 이 경우, 네트워크 장비를 설치하는 실습을 하며 현장에서 꼭 필요한 지식을 배울 수 있다는 것이 장점이다.

직업 정보를 제공하는 웹사이트에 따르면 네트워크 엔지니어에 대한 수요는 증가할 것으로 보인다. 워크넷은 유무선 네트워크 통합, 무선 네트워크 증가, 클라우드 컴퓨팅 환경의 확대 등을 이유로 네트워크 엔지니어에 대한 고용이 점점 늘어날 것으로 봤고, 커리어넷은 2026년까지 네트워크 엔지니어의 고용이 연평균 2.7퍼센트 증가할 것으로 전망했다.

게임 프로그래머는 게임을 프로그래밍하는 사람이다. 게임 프로그래밍을 하기 위해서는 게임이 실행될 환경을 아는 것이 기본이다. 따라서 대표적인 게임 실행 환경인 PC, 모바일 기기, 콘솔 게임기 등 하드웨어와 운영체제에 대한 이해가 필요하다. 프로그래밍 언어와 알고리즘에 대한 지식도 필요하다. 실제로 국내를 대표하는 게임 기업에서 프로그래머를 채용하는 기준을 보면 3차원 그래픽 프로그래밍, 인공지능 활용 프로그래밍, 네트워크 프로그래밍, 서버 프로그래밍 등 지원 자격에 프로그래밍 분야를 세분화해서 제시하는 것을 알 수 있다.

게임 개발은 종합 예술이라 부를 만큼 다양한 기술이 집약된 산업이다. 따라서 게임 프로그래머에게는 프로그래밍 전문성뿐만 아니라 협업을 위한 의사소통 능력도 필요하다. 한 사람이 모든 분야의 지식을 익혀서 게임을 완성하는 일은 생산성이 낮은 데다 사실상 불가능하다. 의사소통 능력은 단순한 말하기 기술이 아니라 협업 분야에 대한 기본적인 지식을 갖추는 것을 포함한다.

게임 프로그래머를 꿈꾼다면 관련된 교육 과정을 참고할 만하다. 특성화 고등학교나 게임 마이스터 고등학교 또는 전문 대학의 게임 관련 학과에 진학하면 정규 교육 과정을 통해 필요한 지식을 배우고 기술을 익힐 수 있다.

게임 개발 능력을 검증하기 위해 국가에서 주관하는 기술자격증도 있다. 게임국가기술자격은 세 영역으로 나뉘어 있는데, 이 중 게임 프로그래밍 전문가 영역이 게임을 동작시킬 수 있는 프로그래밍 능력을 검증하는 분야다. 이 자격증은 누구에게나 응시 기회가 열려 있다는 점이 특징이다. 나이 또는 학력과 경력에 상관없이 자격증을 취득할 수 있으므로 누구나 자격증을 준비하면서 게임 개발에 관한 기본적인 지식을 익히고 실습을 경험할 수 있다.

게임 프로그래머를 꿈꾸는 이들이 기억해야 할 사실이 있다. 분야를 떠나서 모든 프로그래머에게 요구되는 본질적인 능력은 문제 해결 능력이라는 점이다. 문제 해결 능력을 키우기 위해서는 논리적으로 사고하는 힘이 반드시 필요하다. 소프트웨어 교육 의무화는 게임 프로그래머를 꿈꾸는 이들에게 새로운 기회가 될 수 있다. 소프트웨어 교육이 교육 과정에 필수로 반영된 후 초등학교와 중학교에서 프로그래밍을 경험할 기회가 생겼기 때문이다.

특성화 고등학교를 진학하지 않더라도 일반계 고등학교에서 정보교과, 수학교과 등의 관련 교과목을 배우며 논리적 사고를 통한 문제 해결 능력을 갖출 수 있다. 대학의 관련 학과로 진학한다면 컴퓨터 구조, 자료 구조, 알고리즘, 네트워크와 같은 컴퓨터과학의 기초를 튼튼하게 다지고 프로그래밍 실력을 쌓을 수 있다.

3장

오늘부터 스마트폰
사용 금지?

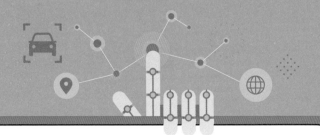

스마트폰의 등장은 우리 일상에 큰 변화를 가져왔다.
앞으로 통신 기술은 또 어떻게 세상을 바꾸어 갈까?

페이스북으로 메시지 보내고 틱톡으로 만나다

드라마 <응답하라 1998>2015에는 주인공들이 공중전화와 삐삐를 이용해 마음을 전하는 장면이 등장한다. 삐삐는 상대방이 보낸 전화번호나 음성 메시지를 확인할 수 있는 통신 장치다. 실제로 당시에는 삐삐에 찍힌 전화번호로 전화를 걸거나 녹음된 음성 메시지를 듣기 위해 공중전화 대기 줄에서 자기 차례를 기다리는 모습을 어디서나 흔하게 볼 수 있었다. 휴대전화가 등장한 후 공중전화와 삐삐는 사라지고 그와 관련된 일상은 어느새 드라마 속 추억거리가 되었다. 이처럼 통신은 사람 사이의 소통과 정보 전달 방식을 개선하고 생활 양식마저 바꾸는 중요한 기술이다.

2020년 카카오의 발표에 따르면 우리나라 사람들이 하루 동안 주고받는 카카오톡 메시지만 110억 건이 넘는다. 스마트폰 하나로 문자, 사진, 영상, 음성 등 거의 모든 형태의 의사소통을 하게 된 배경에는 빠르고 안정적인 정보 전달을 가능케 하는 통신 기술이 있다. 초연결이라는 단어로 대표되는 5G 통신을 넘어 6G 통신의 출현을 앞둔 통신 기술은 어떻게 발달해 왔을까?

1912년 706명을 구한 통신 기술은 지금도 사용 중

통신의 뜻은 '소식을 전한다'이다. 손 편지, 전화 등을 통해 생각을 전달하거나 신문, 잡지 기사를 통해 정보를 전달하는 것도 통신에 속한다. 수단과 형태는 다르지만, 통신은 사람 사이를 이어 주는 다리 역할을 한다.

통신 기술의 가치는 다양하다. 멀리 떨어져 지내는 가족의 그리운 소식을 전해 주는가 하면 위급한 상황에서 중요한 정보를 빠르게 전달해 국가와 사회의 안전을 유지하는 중대한 기능을 수행한다.

모스 부호는 통신 역사에서 큰 의미를 갖는 기술이다. 1800년대에 발명된 모스 부호는 현대적인 통신 기술의 발달에 큰 영향을 미쳤다. 또 전화가 등장하기 전까지 활발히 사용되며 통신 역사에 전쟁과 인명 구조 등 많은 이야깃거리를 남겼다.

1912년에 타이태닉호가 침몰했을 때도 모스 부호가 인명 구조에 활용되었다. 타이태닉호는 당시 세계에서 가장 큰 배로 안에 체육관, 수영장 등 최신 시설을 갖춘 호화 여객선이었다. 1912년

4월 10일 영국 사우샘프턴을 출발해 미국 뉴욕을 향하던 타이태닉호는 4월 14일 빙산과 충돌해 다음 날 침몰하게 된다. 탑승자 2,223명 중 1,517명이 사망한 이 사고는 역사상 가장 참혹한 사고 중 하나로 남아 있다.

목숨이 위태로운 상황에서도 타인을 구하기 위해 노력한 의로운 이들의 기록도 전해지고 있다. 그중에는 침몰 순간까지 구조 신호를 보내기 위해 자리를 지킨 2명의 무선 통신사가 있다. 이들은 그만해도 좋다는 선장의 지시에도 계속해서 구조 신호를 보냈는데, 이 신호가 항해 중이던 다른 여객선에 전달되어 비로소 구조가 시작될 수 있었다. 그 결과는 706명의 생존자 구조로 이어졌다. 이때 구조 신호로 사용된 것이 바로 모스 부호다.

모스 부호라는 명칭은 발명자의 이름에서 유래했다. 새뮤얼 모스는 미국에서 초상화로 성공한 화가이자 사진에도 관심이 많던 예술가였다. 그러나 모스가 역사에 길이 남게 된 배경은 그가 자신의 이름을 딴 기호와 현대적인 전신 시스템을 발명했

> **모스 부호를 이용한 구조 신호**
>
> 타이태닉호의 구조 신호로는 CQD와 함께 1908년부터 정식으로 쓰이기 시작한 SOS가 사용되었다. CQD의 CQ는 안전을 뜻하는 프랑스어 securite에서 따온 것으로, 위급한 상황에서 일일이 치기가 복잡하고 어려웠다. 따라서 더 명확하고 주고받기 쉬운 SOS로 점차 대체되었다. 1952년에는 SOS가 세계 공동의 조난 신호로 정해졌다. 모스 부호로 표현한 두 신호는 다음과 같다.
>
> SOS(··· --- ···)
>
> CQD(-·-· --·- -··)

기 때문이다. 전신이란 상대에게 보낼 메시지의 문자나 숫자를 전기 신호로 바꾸어 전달하는 통신 방식이다.

모스 부호는 표현하고자 하는 문자와 숫자를 짧은 전류(·)와 긴 전류(-)를 조합해 표현한다. 예를 들어 MORSE라는 단어를 모스 부호로 나타내면 다음과 같다.

M O R S E
-- --- ·-· ··· ·

모스 부호를 상대에게 전달하려면 전신기라는 통신 장치가 필요하다. 전신기는 전자석이 전류에 따라 자석의 성질을 띠는 원리를 이용한다. 버튼처럼 생긴 부분을 짧게(·) 또는 길게(-) 누르면 상대방 측의 전신기로 전류가 흐르게 되는데 이때 전자석이 움직이며 짧거나 긴 소리를 만들어 낸다.

1837년 최초로 발명된 모스 전신기는 실시간으로 의사소통할 수 있는 범위를 전 세계로 넓히며 통신 역사에 혁명을 가져왔다. 시간이 흐르면서 전신을 이용한 통신의 범위와 대상은 계속해서 확장되었다. 1858년의 한 사건이 통신 기술의 발전을 잘 보여 준다. 대서양을 가로지르는 해저 케이블로 전신 시스템을 연결해 영국 여왕과 미국 대통령이 메시지를 주고받았던 이벤트가 바로 그것이다. 1896년부터는 멀리 떨어진 지역에서 케이블 없이도

전신기

통신할 수 있는 무선 전신기의 사용이 활발해지면서 배와 비행기 같은 교통수단 사이의 통신도 가능해졌다.

다만 모스 부호로 소통하기 위해서는 교육과 훈련이 필요했기 때문에 숙련된 무선 통신사들의 역할이 중요했다. 그래서 타이태닉호가 운항하던 시기에는 유람선에 무선 통신사를 2명 이상 두는 규칙이 있었다. 이들은 12시간을 교대로 근무하며 탑승객의 메시지나 운항과 관련된 신호를 주고받았다.

현대 통신 기술에 큰 영향을 미친 모스 부호는 180여 년간 주식 시장의 변동, 선박이나 열차 사고, 전쟁 등 긴급한 소식을 빠르게 전달하기 위해 활발히 이용되었다. 오늘날에도 모스 부호는 대륙 간 무선 통신과 아마추어 무선 통신 등에 사용되고 있다.

통신의 진화, 전화의 등장부터 틱톡까지

"외국 함대가 나타났다."

대한제국의 황제 고종이 즉위한 지 2년째던 1898년 1월 24일, 외교부서의 기록에는 위와 같은 내용이 담겨 있다. 이는 현재 기록으로 남아 있는 우리나라 최초의 통화 내용이다. 당시 전화를 부르던 이름은 덕률풍으로, 전화를 의미하는 영어 단어인 텔레폰 telephone을 한자음으로 표현한 것이었다. 고종은 인천과 서울을 잇고 있는 덕률풍을 통해 소식을 빠르게 주고받을 수 있었다.

당시 최신 기술이었던 덕률풍은 오늘날 스마트폰이라는 궁극의 기기로 진화했다. 그리고 스마트폰의 등장은 통신 방식과 환경을 바꿔 놓으며 우리 일상에 큰 변화를 가져왔다. 이 모든 것의 시작인 전화는 어떻게 발달해 왔을까?

전화는 사람의 말소리를 전기 신호로 바꾸어 상대에게 보낸 뒤 이 신호를 다시 음성으로 바꾸어 들려주는 기계다. 전화는 전신과 함께 통신 혁명을 불러온 기술이기도 하다. 전신은 모스 부호를 이용해 문자나 숫자를 길거나 짧은 기호 2개만을 조합해서 표현한다. 반면에 전화는 음성을 그대로 전달한다. 그래서 전화가 더 새로운 기술이며 무선 전신기보다 나중에 발명된 것으로 생각하는 경우가 많다. 실제로는 전화가 무선 전신기보다 먼저 발명되었다.

전화보다 앞서 등장한 모스 전신기는 전화의 발명에 밑거름이 되었다. 전신기를 통해 전기 신호를 먼 곳까지 보내는 법을 알게 되었기 때문이다. 전화가 등장하기 위해 남은 과제는 음성을 전기 신호로 바꾸는 것이었다. 1854년 안토니오 메우치가 이 아이디어를 최초로 실현해 전화를 발명했다. 1876년에는 알렉산더 벨이 전화를 누구나 사용할 수 있는 기술로 대중화했다.

유선 전화의 등장은 자연스레 무선 전화를 발명하려는 시도로 이어졌다. 유선 전화가 음성을 전기 신호로 바꾸어 전선에 실어 보냈다면, 무선 전화는 전파에 실어 보내면 되었다. 전선의 속박에서 벗어난 무선 통신 장치는 차량용 무전기와 군용 무전기, 삐삐로 발전했다. 이후 1973년에 최초의 휴대전화가 만들어졌고, 10년이 지난 1983년에 비로소 최초의 상업용 휴대전화가 등장할 수 있었다.

최초의 상업용 휴대전화는 벽돌로 불릴 만큼 거대했다. 무게는 794그램으로 아이폰 12 모델과 비교하면 약 5배 더 무거웠다. 당시 가격이었던 3,995달러를 현재 가치로 환산하면 약 1,000만 원에 달하는 고가의 물건이었다. 비싼 가격, 부담스러운 크기와 무게에도 당시 통신 기술로는 오로지 음성 통화만 가능했다. 이 시기를 1G 통신으로 분류한다.

1996년 2G 통신부터 시작된 디지털 통신 방식은 2006년 3G 통신으로 발전해 문자와 음성 말고도 사진과 동영상을 빠르게 전송할 수 있는 환경을 제공했다. 덕분에 스마트폰 시대가 열리게 되었다. 2007년에 등장한 아이폰은 전 세계에 스마트폰 열풍을 몰고 왔다. 스마트폰은 전화의 개념을 완전히 바꾸어 놓았다. 음성만 전달하던 전화가 모든 형태의 정보를 주고받을 수 있는 휴대용 컴퓨터가 된 것이다.

통신 기술의 발달과 스마트폰의 등장은 용량이 큰 동영상 정보를 쉽게 찍고 빠르게 공유할 수 있는 환경을 제공했다. 이는 유튜브 같은 동영상 공유 서비스와 만나 정보 전달 형식을 문자와 사진 위주에서 동영상 중심으로 바꾸는 계기를 마련했다.

최근에는 틱톡이라는 동영상 공유 플랫폼이 유튜브 못지않은 인기를 누리고 있다. 페이스북, 유튜브 등을 제치고 모바일 기기 사용자가 세계에서 가장 많이 내려받은 앱으로 기록될 정도다. 주로 15초에서 1분 사이로 짧은 영상을 공유하는 데 특화된 서비스를 제공하는 것이 틱톡의 특징이다. 또한 유튜브에 비해 영상을 비교적 간단하게 편집할 수 있다. 전 세계 사용자 수가 10억 명을 넘고 특히 10대들에게 큰 인기를 얻고 있는 틱톡의 매력은 한 마디로 짧아서 더 재미있고 중독적이라는 점이다.

사물인터넷, 나는 어제 네가 한 일을 알고 있다

"임금이 사냥하다가 말에서 떨어졌으나 사관에게 알리지 못하게 하다."

태종이 조선의 왕이 되고 4년이 되던 해, 2월 8일의 기록이다. 이날 태종은 사냥을 나갔다가 실수로 말에서 떨어졌다. 당황한 태종은 급히 일어서며 신하들에게 자신의 실수를 '사관에게 알리지 말라'고 말했다. 하지만 사관은 '알리지 말라'는 그 말까지 고스란히 기록에 남겼다. 사관은 조선 시대, 왕의 말과 행동 그리고 사건 사고 등을 기록하는 직업이었다. 당시 사관의 수는 모두 합쳐 60명 정도였다고 한다.

우리를 둘러싼 '디지털 사관'의 수도 그에 못지않을 것으로 보인다. 주위를 둘러보면 우리 일상을 낱낱이 기록하는 디지털 사관들이 있다. 그 정체는 바로 사물인터넷이다. 사물인터넷은 각종 사물에 내장된 센서와 통신 기능을 통해 사물이 감지한 데이터를 인터넷으로 내보내는 기술이다. 이때 사물이란 스마트폰이나 컴퓨터 같은 기기는 물론 우리 주변의 모든 물건을 의미한다.

우리의 활동과 주변 환경을 파악해 그 데이터를 기록하는 사물은 계속해서 늘고 있다. 미국의 시장조사 기관인 IDC에 따르면 인터넷에 연결된 사물의 수는 2009년 25억 개에서 2015년 180억 개로 늘어났다. 2025년에는 416억 개에 달할 것으로 전망된다.

사람과 사물을 연결한 사례로 스마트워치를 들 수 있다. 시계라는 사물에 통신 기능을 더한 스마트워치는 착용한 사람이 앉아서 보내는 시간, 이동 거리, 심박 수는 물론 수면 패턴까지 측정한다. 사용자의 생활 습관이나 신체와 관련된 이들 데이터는 스마트폰 앱 또는 인터넷으로 전송되어 건강 관리에 활용되고 있다.

사물과 사물 사이의 연결을 통해 교통사고를 줄이고자 하는 노력도 활발히 진행 중이다. 예를 들어 앞서가던 자동차가 속도를 줄이면 자동차 사이의 연결을 통해 뒤따르던 자동차들에도 이 정보가 전달된다. 그러면 자동차들이 연달아 속도를 줄여 사고를 예방할 수 있다. 또 자동차와 신호등을 연결할 경우, 차량 통행량에 따라 신호등을 켜고 끄는 간격을 조절해 교통 혼잡을 줄일 수 있다.

각종 가전제품부터 몸에 부착한 웨어러블 기기까지 인터넷에 연결된 수많은 사물은 더욱더 촘촘하게 우리 활동과 주변 환경의 상태를 감지하고, 기록한 데이터를 인터넷으로 전송할 것이다. 이들 사물의 증가는 더욱 다양하고 풍부한 데이터를 디지털 세계에 보존함으로써 현실 세계를 그대로 표현할 수 있게 한다. 이렇게 데이터를 통해 디지털로 표현된 현실 세계를 디지털로 복사한 쌍둥이라는 뜻에서 '디지털 트윈'이라 부른다. 사물인터넷은 디지털 트윈을 만들어 내는 데 필요한 데이터를 제공하는 핵심 역할을 하고 있다.

디지털 트윈은 현실 세계를 정밀하게 표현하지만 어디까지나 디지털 세상 속에 데이터로 존재한다. 따라서 현실에서 일어날 법한 상황을 가상으로 안전하게 실험하고 그 결과를 분석해 문제 해결책을 제시할 수 있다.

특히 디지털 트윈은 작동 중 오류가 있어서는 안 되는 중요한 기계를 운용하고 관리하는 데 장점이 있다. 나사의 달 탐사 프로젝트 중 하나인 아폴로 13호를 예로 들 수 있다. 1970년 아폴로 13호는 달을 탐사하기 위해 지구를 떠났다. 그런데 달 착륙을 앞

두고 사고가 발생했다. 갑자기 산소탱크가 폭발한 것이다. 이때 나사의 지상 관제 센터는 훈련을 위해 만들어 놓은 가상 탐사선의 컴퓨터 시스템에 실제 탐사선이 고장 난 환경과 같은 조건을 만들었다. 여러 시험을 반복한 끝에 탐사선이 지구로 다시 돌아올 수 있는 방법을 찾은 나사는 승무원 전원을 무사히 구조할 수 있었다. 위 사례에서는 실제로 존재하는 훈련용 가상 탐사선을 사용했지만 이를 컴퓨터 안에 소프트웨어로 구현하고 가상 실험을 진행한다면 디지털 트윈의 적용 사례로 딱 맞아떨어진다.

현재 디지털 트윈을 가장 활발히 적용하고 있는 분야는 제조업이다. 제너럴 일렉트릭은 가전제품부터 항공기 엔진까지 다양한 제품을 만들며 미국 제조업을 대표하는 기업이다. 제너럴 일렉트릭은 컴퓨터로 3차원 모델을 구현해 항공기 엔진을 만드는데, 엔진 주요 부품에 사물인터넷 센서를 달아 항공기 제작 회사인 보잉에 보낸다. 3차원 모델과 사물인터넷 센서는 실시간으로 데이터를 측정해 엔진 상태를 분석하고 부품을 교환할 시기나 고장 가능성을 예측한다. 이를 통해 제너럴 일렉트릭은 수리에 드는 비용과 시간을 절약하고 안전한 항공기 운항을 지원하고 있다.

데이터는 어떻게 빅데이터가 되었을까?

"열 길 물속은 알아도 한 길 사람 속은 모른다."라는 말이 있다. 그래서일까? 영화나 애니메이션 속에는 '자백제'라는 약물이 종종 등장한다. 창작물 속에서 자백제는 다른 사람에게 먹였을 때 사실을 있는 그대로 털어놓는 약이다. 사실 자백제는 마약으로 분류되므로 사용해서는 안 되며 이런 방식으로 자백을 받아도 법적 효력은 없다. 하지만 디지털 세상에는 어떤 제약도 없이 기능하는 디지털 자백제가 존재한다.

디지털 자백제란 구글의 데이터 과학자인 세스 스티븐스 다비도위츠가 자신의 책 《모두 거짓말을 한다Everybody Lies》에서 사용한 말이다. 그는 구글 검색이 곧 디지털 자백제라고 말한다. 예를 들어 SNS에 "내 남자 친구는 자상하고 멋져!"라며 게시물을 올

연관 검색어 기능

일부 단어만 입력해도 검색량이 많은 관련 키워드를 조합해서 검색을 도와주는 편의 기능을 말한다.

린 사람이 있다. 그런데 같은 사람이 구글 검색창에는 "내 남자 친구는 유치하고 짜증나."라는 검색어를 입력한다. 구글 검색이라는 디지털 자백제를 통해 주위 사람에게는 말하지 못하는 불만을 솔직하게 표현하고 위로를 구하는 것이다. 이러한 사실은 사람들이 검색창에 입력하는 검색어 통계로 확인할 수 있다. 검색 사이트마다 제공하는 연관 검색어 기능을 이용하면 사람들의 속마음을 쉽게 엿볼 수 있다.

구글을 신으로 만든 것은 바로 나

구글 검색창에 '우울'까지만 써도 연관 검색어로 우울증 테스트, 우울증 증상, 우울증 자가 진단 등이 나열된다. 이를 통해 적지 않은 사람들이 우울감을 겪고 있으며 검색 사이트에서 솔직하게 자신의 감정을 드러낸다는 걸 짐작할 수 있다.

'내 아들은 천재일까요?', '우리 딸 체중이 너무 많이 나가나요?', '첫 데이트에서 어떤 말을 해야 다음 데이트로 이어지나요?'와 같은 검색어도 구글에서 자주 검색되는 단골 메뉴다. 이처럼 구글 검색은 주변 사람에게도 쉽게 말하지 못하는 생각을 스스로 고백하게 만드는 힘을 가졌다. 디지털 자백제를 넘어 '구글 신'

이라 불릴 만하다.

구글 신의 진짜 가치는 개인의 고백을 넘어 다양한 사람들의 공통된 의견인 여론을 예측하는 데 있다. 대표적인 사례로 2016년 미국의 대통령 선거를 들 수 있다. 당시 대통령 후보는 힐러리 클린턴과 도널드 트럼프 두 사람이었다. 주요 언론사와 전문가들은 선거 하루 전날 공개된 여론 조사 결과를 통해 클린턴의 승리를 예측했다. 하지만 선거 결과는 여론 조사와 달랐다. 트럼프가 대통령으로 당선된 것이다.

구글 신은 이 모든 사실을 알고 있었다. 트럼프는 선거 운동 기간 내내 특정 집단을 배척하거나 이들을 향해 과격한 발언을 내뱉으며 자신의 정치 성향을 그대로 드러냈다. 이러한 언행 때문에 반감을 산 트럼프를 드러내 놓고 지지하지 못하는 사람들도 많았는데, 이들은 설문 조사에서는 밝히지 못한 정치 성향을 구글 신 앞에서는 자백했다.

트럼프 지지자들의 진심은 구글 트렌드에 고스란히 남아 지금도 확인할 수 있다. 구글 트렌드는 구글에서 특정한 단어나 문구가 얼마나 자주 검색되는지 그 빈도를 시간과 지역에 따라 보여주는 기능이다. 말 그대로 검색어를 통해 사람들의 관심사가 어느 곳을 향해 있는지 트렌드를 한눈에 파악할 수 있다. 또한 2개 이상의 단어를 비교해 검색량의 상대적인 차이를 쉽게 파악할 수 있다.

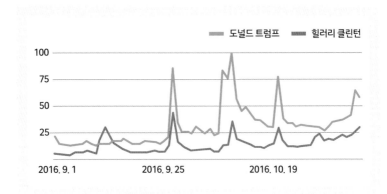

구글 트렌드의 검색량 비교 화면

그림은 선거일 약 두 달 전부터 구글에서 두 후보의 이름을 검색한 횟수를 비교한 것이다. 선거를 앞두고 트럼프에 대한 검색량이 클린턴을 앞서기 시작했고 이를 선거일 전까지 꾸준히 유지하는 모습을 확인할 수 있다. 구글 트렌드는 이제 설문 조사보다 훨씬 솔직하게 사람들의 속내를 확인할 수 있는 수단이 되었다.

구글 신은 판단하지 않는다

구글 트렌드를 사용하면서 기억해야 할 사실이 있다. 구글 트렌드는 특정 단어가 검색되는 양의 변화만 보여 줄 뿐, 검색량이 줄어들거나 늘어나게 된 주변 상황까지는 보여 주지 않는다. 검색량의 증가는 그 원인이 긍정적인지 부정적인지에 따라 완전히 다른 해석을 낳을 수 있는데, 구글 트렌드는 이를 확인할 수 없다. 따라서 구글 트렌드의 결과만을 근거로 한 판단은 사실과 다를 수 있다. 브렉시트와 관련된 일화는 구글 트렌드의 결과를 해석하고 이용하는 데 주의가 필요함을 일깨우는 좋은 사례다.

2016년 6월, 영국은 브렉시트의 찬반을 묻는 국민 투

> **브렉시트Brexit**
>
> 영국Britain과 탈퇴exit라는 뜻의 두 단어를 합친 말로 영국이 유럽연합 회원국에서 탈퇴함을 의미하는 단어. 영국이 유럽연합에서 빠질 경우, 유럽은 물론 세계 경제에도 큰 영향을 미칠 수 있어 전 세계의 관심을 받았다.

표를 시행했다. 결과는 브렉시트 찬성으로 영국의 탈퇴가 정해졌다. 논란은 투표가 끝나고 불거졌다. 구글 트렌드에 따르면 탈퇴가 결정된 후, 영국에서 검색량이 가장 많은 질문은 2가지였다. 하나는 '유럽연합 탈퇴는 어떤 의미인가?'였고, 또 다른 하나는 '유럽연합이 무엇인가?'였다. 이를 두고 일부 언론사는 영국 국민이 브렉시트의 의미도 모른 채 투표했다며 비난하는 기사를 쓰기도 했다. 하지만 구글 트렌드의 검색량만으로 이렇게 단정할 수 있을지는 의문이다.

구글 트렌드는 검색량의 증가나 감소를 그래프로 보여 줄 뿐이다. 다시 말해 몇 명이 검색했는지 정확한 수치는 알 수 없다. 또한 같은 검색어를 입력한 사람이라도 투표에 실제로 참여했는지는 알 수 없으며, 이들이 찬성표를 던졌는지 반대표를 던졌는지도 알 수 없다. 따라서 검색어의 증가만 가지고 영국인 대다수가 유럽연합의 뜻과 영국 탈퇴의 의미를 정말 몰랐다고 단정할 수는 없다.

세계적으로 많은 사용자를 보유한 구글의 검색 흐름을 한눈에 보여 준다는 점에서 구글 트렌드가 유용한 것은 분명하다. 다만 이 역시 여러 참고 자료 중 하나일 뿐이다. 구글 트렌드에서 검색량의 증감 현상을 분석해 종합적으로 판단하고 미래의 일을 예측하는 것은 어디까지나 사람의 몫이라는 점을 기억할 필요가 있다.

클라우드 컴퓨팅, 구름 위로 올라간 컴퓨터

"데이터와 프로그램은 구름cloud 속에 있으면 된다."

구글의 전 회장 에릭 슈미트가 2006년에 한 발언의 일부다. '모든 데이터와 프로그램은 디지털로 표현되어 컴퓨터 안에 저장된다'고 알고 있는 이들에게 구름과 관련된 이 말은 뜬금없이 들릴 수 있다.

클라우드 컴퓨팅은 내 컴퓨터 대신 인터넷으로 연결된 컴퓨터에 데이터를 저장하고 데이터 처리 역시 그 컴퓨터에서 이루어지는 기술을 말한다. 구름을 의미하는 클라우드가 이름에 붙은 이유는 통신망을 그림으로 표현할 때 인터넷을 구름으로 표현하는 경우가 자주 있었기 때문이다.

슈미트의 발언은 사용자가 더는 PC 안에 필요한 프로그램을 설치하거나 데이터를 저장할 필요가 없다는 것을 뜻한다. 클라우드 컴퓨팅 환경에서는 인터넷에 접속할 웹브라우저만 있다면 그 기기가 무엇이든 종류에 상관없이 클라우드 컴퓨터, 즉 서버에 접속해 데이터를 처리하고 저장할 수 있다. 정리하면 클라우드 컴퓨터란 필요할 때 언제든 빌려 쓸 수 있는 컴퓨터이고, 클라우드 컴퓨팅은 이를 가능하게 하는 기술을 말한다.

클라우드 컴퓨팅을 이용하면 소유에 따르는 부담을 가질 필요

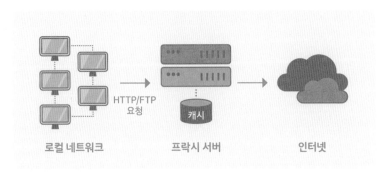

HTTP/FTP
요청

캐시

로컬 네트워크   프락시 서버   인터넷

인터넷을 구름으로 표현한 통신망 구조도

가 없다. 내가 아닌 클라우드 컴퓨팅 기업이 컴퓨터를 구입하고 관리하는 서비스를 제공하기 때문이다. 사용자는 컴퓨터에 대해서는 크게 고민할 필요 없이 인터넷이라는 구름 너머에 있는 성능 좋은 컴퓨터를 쓸 수 있다. 요금은 전기 요금처럼 서비스를 사용한 만큼만 내면 된다.

전 세계를 대상으로 활발하게 클라우드 컴퓨팅 서비스를 세공하는 기업으로는 아마존, 구글, 마이크로소프트를 들 수 있다. 특히 아마존은 클라우드 컴퓨팅 서비스를 제공하기 위해 약 300만 대의 서버를 갖추고 있을 정도다. 아마존의 서버는 노후화에 따른 성능 저하를 예방하기 위해 3년마다 교체된다. 아마존 한 곳에서만 대략 100만 대의 서버를 매년 새로 구입하고 있는 셈이다. 우리나라가 한 해 구매하는 서버가 약 14만 대라고 하니 아마존의 클라우드 컴퓨팅 사업 규모가 얼마나 큰지 짐작할 수 있다. 여기에 경쟁사인 마이크로소프트와 구글까지 더하면 세계적으로 클라우드 컴퓨팅에 대한 수요가 매우 많다는 사실을 가늠할 수 있다.

클라우드 컴퓨팅은 일상생활에서 쉽게 경험할 수 있다. 구글의 경우, 계정 하나만 있으면 다양한 클라우드 컴퓨팅 서비스를 이용할 수 있다. 구글 문서와 구글 드라이브는 대표적인 클라우드 컴퓨팅 서비스다. 과거에는 과제를 위해 문서를 작성하거나 발표를 위해 프레젠테이션을 제작하려면 컴퓨터에 관련 프로그램을 설치해야만 했다. 하지만 클라우드 컴퓨팅을 이용하는 사용자는 웹브라우저를 열고 구글 문서에 접속하기만 하면 된다. 이미 구글 서버에 문서 작성과 프레젠테이션 제작을 위한 사무용 프로그램이 준비되어 있기 때문이다. 이를 통해 사용자는 구글 서버를 마치 내 컴퓨터처럼 자연스럽게 사용할 수 있다.

작성한 문서 파일을 내 컴퓨터에 별도로 저장할 필요도 없다. 구글 문서로 작성한 파일은 자동으로 구글 드라이브에 저장되기 때문이다. 파일을 여기저기 복사해서 가지고 다닐 필요도 없다. 구글 드라이브에 접속만 가능하다면 언제 어디서든 저장된 파일을 불러올 수 있기 때문이다. 구름 뒤로 가려진 산은 보이지 않아도 항상 그곳에 존재한다. 이처럼 내 데이터를 저장하고 처리할 수 있는 서버가 인터넷 저편에 존재하므로 언제 어디서든 편리하게 이용할 수 있다.

그런데 클라우드 컴퓨팅 기업은 서비스를 제공하기 위해 수백만 대의 서버를 관리하는 비용을 어떻게 마련할까? 사용자는 미리 정해진 용량과 기능 안에서는 서비스를 얼마든지 무료로 이용할 수 있다. 하지만 기준을 넘어선 용량의 데이터를 저장하거나 추가 기능을 이용하고자 한다면 요금을 추가로 지불해야 한다. 클라우드 컴퓨팅 서비스는 마치 공유 자전거, 공유 킥보드처럼 컴퓨터를 빌려주고 사용량만큼 이익을 얻는 방식으로 운영되고 있다.

컴퓨터가 이끄는 초연결 사회

아침에 일어나 스마트폰을 확인했다. 얼마 전 설치한 스마트 홈 케어 앱이 냉장고와 관련된 2건의 알림을 띄웠다. 알림 중 하나는 며칠 전 마트에서 산 두부의 유통기한이 오늘까지라는 사실을 알려 준다. 다른 하나는 냉장고에 남은 달걀이 2개뿐이니 온라인 쇼핑몰에서 달걀을 주문할지를 묻고 있다.

이 글처럼 사물인터넷 기술을 적용하면, 센서를 통해 수집한 데이터를 사용자에게 전달해 집 밖에서도 정보를 파악하고 집안일을 돌볼 수 있다. 우리 주변에 이러한 사물인터넷 기술이 적용된 기기는 점차 늘고 있다. 냉장고, 에어컨, 세탁기 같은 대형 가전제품부터 공기청정기, 가습기, 제습기, 청소기, 체중계 같은 소형 가전제품까지 제품의 크기나 성격도 다양하다.

사물인터넷 기기의 증가에 따라 발생하는 데이터의 양도 늘고 있다. 미국의 시장조사 기관인 IDC는 2025년 인터넷을 통해 오가는 데이터는 총 170제타바이트일 것이며, 이 중 사물인터넷 기기가 발생시키는 데이터의 양은 약 79제타바이트가 될 것으로 예상한다. 전체 데이터 중 사물인터넷이 만들어 내는 데이터가 약 46퍼센트로 거의 절반에 가깝다.

데이터가 빠르게 증가하면서 데이터 처리와 보관을 담당하는 클라우드 컴퓨팅에도 변화가 필요해졌다. 클라우드 컴퓨팅은 데이터를 서버에서 처리하는 중앙 집중화 방식이다. 그러나 폭발적으로 늘어나는 데이터의 양을 서버가 모두 처리하기에는 무리가 따른다. 한곳에 모든 정보를 모아 두면 개인 정보나 중요 정보를 침해당할 가능성도 있다. 그래서 등장한 것이 엣지 컴퓨팅이다.

엣지 컴퓨팅은 '수많은 사물인터넷 기기를 활용하면 서버에 집중되는 데이터의 양을 덜어 낼 수 있지 않을까?' 하는 아이디어를 반영한 기술이다. 엣지edge란 가장자리나 끝을 의미하는 영어 단어로, 엣지 컴퓨팅은 네트워크 끝단에 있는 기기에서 발생한 데이터를 그 주변에서 직접 처리하는 방식을 말한다.

엣지 컴퓨팅을 이용하면 사물인터넷 기기나 가까운 곳의 서버가 근처에서 발생한 데이터를 곧바로 처리해 시간을 크게 줄일 수 있다. 또한 네트워크 끝단에서 발생하는 데이터를 서버로 보내지 않기 때문에 네트워크를 사용하는 데 효율을 높일 수 있다. 마치 도로 위를 지나다니는 차량의 수를 줄여서 흐름을 원활하게 하는 것과 비슷하다. 엣지 컴퓨팅은 클라우드 컴퓨팅을 보완하는 기술로 자율주행차, 가상현실 등에 활용될 수 있다.

특히 자율주행차는 엣지 컴퓨팅이 적용된 대표적인 사례다. 사람은 운전 중 돌발 상황에 대해 밀리초 단위로 판단하고 대응할 수 있다. 사람이 눈으로 받아들인 정보를 뇌가 인식하는 데는 20밀리초가 걸린다. 따라서 자율주행차가 데이터를 분석하고 반

응하는 속도 역시 20밀리
초 이내를 보장해야 한다. 그
런데 자율주행 데이터 분석
을 서버에만 의존해서는 빠
른 속도를 장담하기 어렵다.

서버에 데이터를 전송하고 분석한 결과를 되돌려 받을 경우, 네트워크 전송 지연이 발생해 사람보다도 대응이 늦어지기 때문이다. 이때 네트워크 전송 속도를 유지하기 위해 엣지 컴퓨팅을 이용할 수 있다. 자율주행 관련 데이터를 서버까지 보내는 대신, 수집한 차량에서 직접 분석하거나 교차로, 도로에 있는 엣지 컴퓨팅 장치에서 분석해 차량에 전달한다면 사람 수준의 반응 속도를 유지할 수 있다.

가상현실은 디지털 환경과 현실 세계의 사용자 동작을 연결해 실제 시공간에 있는 것처럼 표현하는 것이 핵심이다. 현실과 같은 느낌을 전달하기 위해 가상현실 소프트웨어가 처리해야 할 그래픽 데이터의 양은 매우 방대하다. 동시에 사람이 상황을 알아채고 판단하는 속도는 매우 빨라서 소프트웨어의 반응이 조금만 늦어져도 가상현실 몰입에 방해를 받는다. 그래서 가상현실 소프트웨어는 자율주행차와 마찬가지로 20밀리초보다 빠른 반응 속도가 필요하다. 따라서 데이터를 더욱 빠르게 처리하기 위해 가상현실 헤드셋 같은 전용 장치와 서버가 데이터를 나누어 처리하는 엣지 컴퓨팅이 활용되고 있다.

엣지 컴퓨팅 서비스를 제공하는 대표적인 기업으로 아마존, 구글, 마이크로소프트 등이 있다. 이들 기업은 세계적인 클라우드 컴퓨팅 서비스를 제공하는 곳이기도 하다. 이 점에서 두 기술은 서로를 보완하며 발전할 것으로 보인다. "백지장도 맞들면 낫다."라는 속담처럼 엣지 컴퓨팅과 클라우드 컴퓨팅은 모든 사물과 인간이 서로 연결된 초연결 사회를 함께 지탱해 나갈 대표적인 기술이다.

모든 것이 열려 있는 세계

혼자 어린 아들을 키우는 한 엄마가 있다. 공연을 하러 다른 도시에 가는 아들을 기차역까지 배웅하고 돌아오는 그녀에게 휴대전화로 낯선 이의 전화가 걸려 온다. 전화 속 '목소리'는 말한다. "아들을 살리고 싶다면 지금부터 시키는 대로 해." 이어서 '목소리'는 광고 전광판에 그녀의 아들이 탄 기차와 기차 안 CCTV에 찍힌 아들의 모습을 띄워 보여 준다. '목소리'는 자신이 기차 주변과 기차 안에 설치된 CCTV를 해킹했고, 원한다면 기차를 운행하는 소프트웨어도 해킹해 아들이 탄 기차를 탈선시킬 수 있다고 경고한다. 실제

> **해킹hacking**
>
> 타인의 컴퓨터 시스템에 무단으로 침입해 데이터를 훔치거나 프로그램을 파괴하는 불법 행위를 말한다.

로 '목소리'는 다양한 컴퓨터 시스템을 마음대로 해킹해 계좌에 돈을 넣거나 빼기도 하고 차량 흐름을 엉망으로 만들기도 한다.

이상은 2008년에 개봉한 영화 <이글 아이>에 등장하는 내용이다. 영화는 거의 모든 것이 컴퓨터 시스템과 네트워크에 좌우되는 우리의 일상을 지적하고 해킹으로 맞게 될 최악의 상황을 잘 보여 준다.

초연결 사회의 그늘

사물인터넷 기기의 증가와 네트워크의 확산으로 초연결 사회에서 해커들의 공격 범위는 더욱 넓어지고 정보 보안에 대한 위협은 커지고 있다. 사물인터넷 기기를 비롯해 네트워크 장비는 모두 소프트웨어로 동작한다. 따라서 해커가 공격할 수 있는 결함이 있을 수밖에 없다. 특히 네트워크에 연결되는 사물인터넷 기기의 증가 속도가 보안 대책을 강화하는 수준보다 훨씬 빨라서 보안의 취약성은 더욱 높아지고 있다.

기존의 해킹은 컴퓨터를 비롯한 일부 기기에서 중요한 정보를 몰래 빼내 금전적인 이득을 얻는 방식이었다. 그러나 초연결 사회에서는 사물인터넷 기기라는 공략하기 쉬운 먹잇감들을 통해 개인은 물론 사회와 국가를 혼란에 빠뜨릴 수 있다.

예컨대 근래 지어진 아파트는 집 안의 다양한 기기를 무선으로 제어하기 위해 월패드라는 장치를 거실 벽에 부착해 둔다. 월패드는 버튼을 누르면 무선 신호를 보내서 각 기기를 제어할 수 있는 홈네트워크의 중심이다. 원격으로 현관문을 여는 스마트 도어록도 월패드로 조작한다. 그런데 도어록에 보내는 무선 신호를 가로채면 마음대로 문을 열 수 있다는 사실이 보안업체 노르마의 실험을 통해 확인되었다. 게다가 신호를 가로채기 위해 사용된 도구는 누구나 쉽게 구매할 수 있는 간단한 장비라는 점에서 홈네트워크 보안의 취약성이 드러났다.

월패드 자체를 해킹할 경우, 그 피해는 훨씬 심각할 수 있다는 사실이 MBC의 뉴스 보도를 통해 밝혀지기도 했다. 3,000세대가 살고 있는 한 아파트의 보안을 점검한 결과, 한 가정의 월패드를 해킹한 것만으로 아파트 전체를 관리하는 서버에 침입할 수 있었다. 다시 말해 해커는 모든 동호수의 현관문을 열 수 있고 가전제품을 작동시킬 수 있으며 집 안을 몰래 촬영할 수도 있다. 아파트 전체를 장악한 것과 같은 결과가 벌어지는 것이다.

자동차도 얼마든지 해킹할 수 있다. 미국의 IT 전문 잡지 <와이어드>의 한 기자는 보안 전문가 2명과 함께 자동차를 해킹하는 실험을 진행했다. 실험에서 기자는 자동차를 타고 고속도로를 주행하고, 보안 전문가들은 시속 약 110킬로미터로 달리는 자동차의 제어 시스템에 침입해 해킹을 시도했다. 두 전문가는 에어컨을 작동시키는 가벼운 조작부터 시작해 라디오 볼륨을 최대로 올려 기자를 혼란스럽게 하고, 내비게이션 화면에 자신들의 사진을 떠우기도 했다. 보안 전문가들이 제어 시스템의 통제권을 완전히 쥐고 있어서 운전자가 볼륨이나 에어컨 강도를 낮추려고 아무리 시도해도 전혀 작동하지 않았다. 나중에는 와이퍼를 정신 없이 작동시키더니 급기야 주행 중인 고속도로 위에서 엔진까지 멈추게 만들었다. 당황한 기자가 실험 중단을 요청해 자동차 해킹 실험은 마무리되었다. 이 실험의 생생한 진행 과정은 'Hackers Remotely Kill a Jeep on a Highway'라는 제목으로 유튜브에서 찾아볼 수 있다.

2021년 당시 독일 총리였던 앙겔라 메르켈은 학생들과의 대담에서 '20년 내로 사람이 직접 운전하기 위해서는 특별히 허가를 받아야 할 것'이라 말하며 2037년부터 자율주행이 의무화될 것으로 예측했다. 2015년 <와이어드>에서 자동차 해킹 실험이 있은 후로 자동차 구조는 더욱더 컴퓨터를 닮아 가고 있다. 특히 핸들조차 필요 없는 완전 자율주행 단계에서는 주변 사물과의 데이터 교환과 소프트웨어를 통한 제어가 핵심 요소다. 사람이 개입할 여지가 거의 없는 자율주행차를 대상으로 해킹이 이루어진다면 해커는 자동차를 완전히 통제할 수 있게 된다. 일반적인 컴퓨터와 달리 '바퀴 달린' 컴퓨터인 자율주행차에는 사람이 타고 있으므로 해킹이 일어나면 그 결과는 치명적일 수밖에 없다.

더 심각한 문제는 해킹할 수 있는 교통수단이 자동차에만 머물지 않는다는 점이다. 2015년 미국의 보안 전문가인 크리스 로

버츠는 SNS에 문제의 글을 올렸다. 운항 예정인 "유나이티드 항공의 여객기를 해킹해 좌석마다 산소마스크를 내려오게 할 수 있다."라는 내용이었다. 글 내용이 문제가 되어 그는 여객기 탑승을 제지받고 미국연방수사국FBI으로부터 조사를 받았다. 비록 실제 해킹까지 이루어지지는 않았지만 이 사건을 계기로 항공기의 해킹 가능성이 확인되며 불안감이 확산했다. 특히 급성장하는 산업 분야인 무인 항공기를 고려하면 항공기의 해킹 가능성은 더욱더 우려스러울 수밖에 없다. 해커가 무인 항공기의 제어 권한을 얻을 경우, 끔찍한 테러로 이어질 수 있다.

모든 사물과 인간이 네트워크로 연결될 초연결 사회에서 해킹은 개인은 물론 국가와 사회의 안전을 위협하는 가장 큰 위험 요소 중 하나다. 해킹 예방을 위한 대책 마련과 보안 전문가 양성은 너무도 중요하다.

무엇이든 뚫는 창과 뚫리지 않는 방패의 싸움

해킹은 그 뜻이 시간에 따라 변화한 대표적인 단어 중 하나로, 지금은 범죄를 떠올리는 부정적인 느낌을 주지만 시작은 달랐다. 해킹은 미국 매사추세츠 공과대학교MIT의 컴퓨터 동호회에서 처음 사용되었다고 전해진다. 이 모임의 회원들은 호기심을 바탕으로 컴퓨터와 네트워크를 깊이 알아 가는 과정을 즐기는 컴퓨터 애호가들이었다. 이들은 하드웨어나 소프트웨어 등 컴퓨터 시스템의 동작 원리를 완벽하게 이해하고 그 '뿌리root까지 파고들어' 자신이 원하는 대로 이용하는 행위를 해킹이라 불렀고 스스로를 해커라고 칭했다.

유닉스는 많은 컴퓨터 운영체제에 영향을 미친 운영체제로 리눅스, 맥 OS 등 유닉스 계열의 운영체제는 공통점이 있다. 모든 권한을 가진 최고 관리자나 그가 사용하는 계정을 루트root라고 부른다는 점이다. 즉 루트 권한을 얻게 되면 컴퓨터 시스템 전체를 마음대로 제어할 수 있는 권리를 갖게 된다.

초창기 해킹은 최고 관리자 권한을 얻어 자신이 사용하기 편리하도록 컴퓨터 시스템의 설정을 변경하거나 프로그램의 원본 코드를 수정하는 행위를 의미했다. 애플의 공동 창업자인 스티브 워즈니악과 스티브 잡스, 마이크로소프트의 창업자인 빌 게이츠 역시 창업하기 전에는 순수한 의미의 해킹을 즐기는 해커였다.

순수한 동기에서 비롯된 해킹과 달리 범죄 수단으로 행하는 해킹은 크래킹cracking이라 부른다. 크래킹은 '악의적인 목적으로 컴퓨터 시스템에 침입해 프로그램과 데이터를 변형, 삭제, 탈취하는 등 시스템을 파괴하고 피해를 주는 행위'를 의미한다. 그리고 크래킹을 저지른 해커를 크래커 또는 블랙 해커라고 부른다. 다만 현실에서는 해커와 크래커를 구분하지 않는 경우가 많다. 점차 해킹과 해커는 각각 컴퓨터 시스템 또는 네트워크에 침입해 벌이는 범죄 행위와 이를 저지른 범죄자를 뜻하는 부정적인 단어로 통하게 되었다.

블랙 해커와 반대로 크래킹을 막고 피해를 예방하기 위해 활동하는 '착한 해커'도 있다. 화이트 해커라 불리는 그들은 컴퓨터와 네트워크 보안에서 찾은 취약점을 관리자에게 알려 크래킹을 방지한다. 흑과 백으로 극명한 대비를 이루는 화이트 해커와 블랙 해커라는 단어는 서부 영화에서 유래했다. 영화 속에서 착한 주인공은 주로 하얀색 모자를 쓰고 나오고 악당은 검은색 모자를 쓰고 나왔기 때문에 각각 화이트 햇white hat, 블랙 햇black hat이라 부르게 된 것이 그 시작이다. 블랙 해커와 화이트 해커는 해킹이라는 수단을 한쪽은 범죄에, 다른 한쪽은 보안을 강화하는 쪽에 사용한다. 색상만큼이나 그들이 가진 도덕성은 극명한 차이를 보인다.

아이폰으로 유명한 애플도 화이트 해커 덕분에 위험을 방지한 일화가 있다. 화이트 해커인 라이언 피크렌은 매우 심각한 보안 사고로 이어질 수 있는 아이폰의 취약점을 발견해 애플에 알렸다. 아이폰에 달린 카메라와 마이크 장치를 해킹해 아이폰 사용자들이 자신도 모르는 사이에 사생활을 침해당하거나 중요 정보를 도난당할 수 있다는 경고였다.

문제의 원인은 아이폰 운영체제의 기본 설정에 있었다. 아이폰의 운영체제인 iOS는 애플에서 만든 웹브라우저인 사파리를 다른 회사의 앱보다 신뢰하도록 설정되어 있었다. 피크렌은 이 점에 주목했고 사파리를 통해 카메라와 마이크의 제어 권한을 탈취할 수 있었다. 실제로 그는 카메라와 마이크를 마음대로 제어하는 과정을 시연해 보이기도 했다. 취약점을 확인한 애플은 곧바로 보완에 나섰고 약 2개월에 걸친 소프트웨어 수정을 통해 대형 보안 사고를 예방할 수 있었다. 애플은 중대한 보안 문제에 관해 조언한 그에게 보상으로 7,500만 달러를 지급했다. 이는 한화로 약 9,000만 원에 달하는 금액이다.

IT 기업들은 자신들이 만든 제품을 출시하기 전, 혹시 모를 소프트웨어 오류를 발견하기 위해 테스트를 여러 차례 진행한다. 버그 바운티bug bounty라 불리는 공개적인 버그 사냥을 열기도 하는데, 이는 화이트 해커들에게 자신들이 만든 제품을 해킹하도록 하고 보안 취약점을 찾아낸 이에게 보상을 주는 제도다. 피크렌역시 애플이 주관한 버그 바운티에 참여해 아이폰의 보안 취약점을 찾아냈다.

피크렌은 '산소마스크 소동'이 벌어졌던 유나이티드 항공의 버그 바운티에도 참여했는데 그 보상으로 마일리지를 받기도 했다. 마일리지는 고객이 항공기를 탑승한 거리에 따라 포인트를 적립해 주는 제도다. 나중에 무료로 항공기에 탑승하거나 더 좋은 좌석을 타고자 할 때 사용할 수 있다. 항공사마다 적립 조건은 다르지만 대체로 마일리지는 쉽게 모이지 않는다. 오죽하면 비행기를 타고 지구 40바퀴를 돌아야 100만 마일리지를 모을 수 있을 정도다. 그런데 피크렌은 보안 취약점을 알아낸 대가로 1,500만 마일리지를 한 방에 적립했다.

유나이티드 항공은 보안 취약점을 그 심각성에 따라 크게 상, 중, 하로 구분하고 버그 바운티에서 이를 밝혀낼 경우에 각각 100만, 25만, 5만 마일리지를 주겠다는 계획을 공개했다. 특히 가장 높은 상 등급의 취약점에는 원격 코드 실행이 포함되어 있다. 이는 해커가 비행기가 아닌 다른 곳에서 비행기의 소프트웨어를 제어하는 최악의 상황으로 절대적인 보안이 필요한 영역이다.

항공사와의 비밀 유지 계약 때문에 피크렌이 찾아낸 취약점이 얼마나 심각한 사항인지 정확히 알 수는 없다. 하지만 보상으로 받은 1,500만 마일리지는 최고 위험 등급의 취약점을 15개나 발견한 것과 같은 금액이다.

사람이 만든 소프트웨어에 빈틈은 반드시 있기 마련이다. 지금 이 순간에도 서로 다른 목적을 가진 채 그 빈틈을 찾으려는 해커들의 해킹은 계속되고 있다. 한쪽은 방패를 뚫기 위해 창을 더 날카롭게 갈고, 다른 한쪽은 창에 뚫리지 않기 위해 더욱더 단단한 방패를 만들고 있는 셈이다.

블록체인은 인터넷처럼 세상을 바꿀까?

2021년 세계 최초로 비트코인을 공식 화폐로 인정하는 나라가 등장했다. 중앙아메리카 대륙에 있는 엘살바도르로, 크기는 우리나라 경상북도 정도 되는 작은 나라다. 엘살바도르의 뒤를 이어 우크라이나, 파나마, 쿠바와 같이 금융 시스템이 상대적으로 취약한 나라들이 암호 화폐를 합법화하려는 계획을 추진하고 있다.

사람들이 흔히 '돈'이라고 부르는 화폐는 중앙은행에서 발행하고 시중의 은행을 통해 거래된다. 이때 돈을 주고받거나 맡기는 등 금융 거래의 안전성은 이용하는 은행의 금융 시스템이 보장한다. 하지만 암호 화폐는 이를 발행하거나 거래의 신뢰를 보장하는 기관이 없다. 대신에 암호 화폐 거래의 안전성과 투명성은 블록체인이 보장한다.

블록체인은 네트워크에 속한 모든 컴퓨터가 거래 내역에 이상이 없는지를 검증하고 그 기록을 보관하는 일에 참여한다. 덕분에 일부 컴퓨터에 오류가 생기더라도 안정적으로 운영된다. 또 거래 내역을 누구나 확인할 수 있으므로 투명성이 보장된다. 모든 컴퓨터에 복제된 거래 기록을 일일이 조작하기란 불가능하다. 그래서 블록체인을 이용하면 은행 없이도 거래에 대한 신뢰를 보장할 수 있다. 반면에 은행을 통한 금융 거래는 중앙 집중화 방식이다. 은행 서버가 거래의 이상 유무를 검증하고 기록을 보관하는 중개자 역할을 한다는 점에서 차이가 있다.

　블록체인은 암호 화폐를 구현하기 위해 등장한 기술이지만 데이터를 검증하고 안전하게 보관하기 위한 모든 분야에 적용할 수 있어 큰 기대를 모으고 있다. 미국의 시장조사 기관인 가트너는 2020년에 블록체인을 인공지능, 양자 컴퓨팅 등과 함께 10대 전략 기술 트렌드에 포함했다. 가트너는 블록체인이 새로운 사업 형태를 만들어 낼 것이며, 2030년에는 블록체인의 사업적 부가 가치가 약 3조 달러를 넘어설 것으로 예측하기도 했다. 실제로 블록체인 기술은 암호 화폐를 시작으로 보험, 물류 등에 활발히 활용되며 제조업과 공공 서비스 등으로 그 영역을 넓혀 가고 있다.

　예를 들어 보험업계에서는 블록체인을 본인 인증을 위한 수단, 보험금 지급 절차 간소화 등에 활용하고 있다. 교보생명은 보험금 지급 과정에 국내 최초로 블록체인 기술을 활용한 보험 회사다. 보험금을 받기 위해 고객은 병원 진료 기록이 담긴 증빙 서류를 보험사에 제출해야 한다. 하지만 블록체인을 적용한다면 이 과정을 생략할 수 있다. 의료 기관에 보관된 고객의 진료 기록과 병원비 데이터가 블록체인에 등록되어 보험 회사에 자동으로 청구되기 때문이다.

　IBM은 일찍이 블록체인의 가능성에 주목한 회사로, 기업용 블록체인 서비스를 출시하고 이에 기반한 다양한 시도를 활발히 진행 중이다. 특히 IBM이 다른 기업과 협업해 물류 분야에 블록체인을 적용한 사례가 인상적이다. 물류란 제품이나 서비스를 적절한 곳으로 이동시키거나 배치하는 것을 의미한다. 택배도 물류에 해당하며, 제품을 소비자에게 전달하는 유통이라는 표현이 비슷한 뜻으로 사용된다.

영국의 블록체인 기업인 에버레저는 IBM과 협력해 고가의 보석인 다이아몬드를 유통하는 데 블록체인을 적용했다. 다이아몬드는 값어치가 높은 만큼 여러 범죄가 발생하곤 한다. 실제로 다이아몬드를 둘러싼 범죄는 절도, 진품 인증서 위조, 거짓 분실 사기 등 그 종류도 다양하다. 보험 회사가 다이아몬드와 관련된 사건 해결에 들이는 돈만 해도 무려 53조 원이 넘을 정도다.

에버레저는 위조나 변조가 쉬운 종이 인증서를 대체하기 위해 다이아몬드 유통 과정에 블록체인을 적용하기로 했다. 이를 위해 전 세계 다이아몬드 120만 개의

> **위조와 변조**
>
> 국립국어원에 따르면 위조란 어떤 물건을 속일 목적으로 꾸며 진짜처럼 만드는 것이고, 변조란 이미 만들어진 물체를 다른 모양이나 물건으로 바꾸는 것이다.

진품 인증서와 고유 번호, 색상, 투명도, 크기, 모양 등 세부적인 정보를 IBM의 블록체인에 등록했다. 그리고 다이아몬드를 광산에서 캐낼 때부터 은행을 거쳐 소비자가 받아 보기까지 거래 데이터를 매 순간 블록체인에 기록했다. 그 결과, 다이아몬드의 유통 과정을 투명하고 안전하게 추적할 수 있게 되었다.

미국의 대표적인 유통업체 월마트는 중국의 칭화대학교, 전자상거래 기업인 징둥닷컴과 협력해 식품 유통 과정에 IBM의 블록체인을 활용하고 있다. 한동안 중국에는 다양한 가짜 식품이 유통되어 사회적으로 문제가 되었다. 화학약품으로 만든 가짜 달걀부터 비닐로 만든 가짜 미역, 플라스틱을 섞은 쌀 등 그 종류도 상식을 넘어서는 것들이었다.

1996년 중국에 처음 진출한 월마트는 중국 업체들의 비위생적인 식품 관리와 가짜 식품 문제로 사업에 어려움을 겪었다. 문제를 해결하고 성공적인 유통 사업을 운영하기 위해 월마트는 블록체인을 이용하기로 했다. 식품을 생산하는 순간부터 소비자에게 전달하기까지 각 단계마다 원산지, 가공, 배송에 관한 데이터가 블록체인에 바로바로 입력된다면 누구나 유통 과정을 투명하게 확인할 수 있고 데이터 위조나 변조에 대해서도 안전할 것으로 판단했기 때문이다. 이 방법은 실제로 효과를 발휘했다. 식품조사관들은 문제가 발생한 식품과 원인을 추적하는 데 1~2주 정도의 시간이 걸렸지만, 월마트는 이 시간을 2.2초 이내로 단축한 것이다. 중국에서의 경험을 바탕으로 월마트는 미국에서도 블록체인 실험을 진행 중이다.

전문가들은 인공지능, 빅데이터, 클라우드 컴퓨팅, 사물인터넷이 서로 융합하며 4차 산업혁명이라는 거대한 변화를 이끄는 과정에 블록체인도 함께할 것으로 본다. 많은 양의 데이터를 모으고 이를 분석하는 일이 중요한 시대에 블록체인은 데이터 보안을 강화하는 수단이자 다양한 분야에서 혁신적인 서비스를 만들어 낼 가능성을 가진 기술이다.

진로 찾기 **화이트 해커**

화이트 해커는 컴퓨터 시스템이나 네트워크에서 보안 취약점을 찾아 대책을 마련하는 직업으로 정보 보안 전문가로 불리기도 한다. 화이트 해커의 주요 역할은 보안 컨설팅이다. 컨설팅이란 어떤 문제에 대해 조언하는 것으로, 화이트 해커는 고객의 동의를 얻어 해킹 테스트를 시행하거나 분석 도구를 통해 문제를 발견하고 해결까지의 상황과 조치 사항 등을 고객에게 자세히 알리는 보안 컨설팅을 수행한다.

웹, 컴퓨터 시스템, 네트워크, 포렌식 등 정보 보안이 다루어야 할 영역은 다양하고 보안 컨설팅 과정에도 세부적인 영역에 대한 전문성이 필요한 만큼 관련 직업군이 다양하다. 모의 해킹 전문가는 웹사이트나 컴퓨터 시스템을 해킹해 취약점을 분석하고,

보안 설루션 전문가는 찾아낸 취약점을 보완하거나 백신 프로그램을 개발한다. 악성 코드 전문가는 블랙 해커가 컴퓨터 시스템 또는 네트워크에 침입했을 때 그 경로를 역추적해 범인을 찾아내며, 보안 관제 전문가는 정보 보안 시스템을 실시간 관리하고 운영해 침입에 대비한다. 보안 컨설턴트는 고객사의 정보 보안 수준과 취약점을 분석해 요구 수준에 맞는 보안 시스템을 구축한다. 그리고 디지털 포렌식 전문가는 해킹 범죄를 수사하는 사이버 범죄 수사관으로서 디지털 자료로부터 법적인 증거 자료를 찾아내는 역할을 한다.

화이트 해커는 정보 보안업체 또는 백신 프로그램 개발사 등의 공개 및 특별 채용을 통해 취업하는 경우가 많다. 일부 대기업에서는 화이트 해커로 구성된 보안팀을 내부에 꾸리기도 하는데, 이 경우 실력이 뛰어난 해커를 특별 채용 방식으로 뽑기도 한다. 구글은 '프로젝트 제로'라는 자체 해커팀을 운영하고 있다. 국내에서는 핀테크 기업인 토스가 세계적인 해킹 대회에서 입상한 화이트 해커를 특별 채용했다. 화이트 해커의 업무 환경은 근무지에 따라 다른데 일반적으로 규모가 큰 회사에 소속된 경우, 더 세분되고 전문화된 보안 업무를 담당하게 된다.

화이트 해커에게 필요한 자질은 문제 해결 능력으로 창의력과 수리논리력을 핵심 능력으로 꼽을 수 있다. 아울러 블랙 해커들이 시도하는 최신 크래킹 기법과 새로운 악성 프로그램을 분석할 수 있는 사고력, C 언어를 기본으로 다양한 프로그래밍 언어를 다루는 능력이 요구된다.

화이트 해커 취업과 관련된 자격증은 다양한데 크게 네트워크와 컴퓨터 시스템 두 영역으로 구분할 수 있다. 컴퓨터 시스템에 관한 자격증으로는 윈도, 리눅스, 솔라리스 등 운영체제별로 서버 관리 자격증이 있고, 네트워크 관련 자격증으로는 세계적인 네트워크 장비 제조업체인 시스코와 오라클이 주관하는 자격증이 대표적이다. 국가 공인 자격증 중에는 컴퓨터과학의 필수 영역을 포괄하는 정보처리기사 및 산업기사 자격증이 있으며, 보안 관련해서는 정보보안기사 및 산업기사 자격증이 있다.

진로 찾기 **빅데이터 분석가**

빅데이터는 '21세기의 석유'라고 불린다. 석유와 데이터 모두 가공을 통해 무한한 가치를 끌어낼 수 있는 원재료이기 때문이다. 4차 산업혁명의 핵심 기술인 인공지능의 가치를 높게 보는 이유도 사실은 빅데이터에 있다. 엄청난 양의 빅데이터를 사람이 처리하는 일은 사막에서 바늘 찾기만큼 불가능에 가깝지만, 인공지능을 이용하면 결과물을 쉽게 도출할 수 있다.

데이터의 중요도가 높아지자 빅데이터 분석가라는 직업도 주목받고 있다. 빅데이터 분석가는 빅데이터 분야의 전문가로서 때로 데이터 과학자로 불리기도 한다. 하지만 전통적인 의미의 과학자처럼 전문 분야인 데이터 연구에만 몰두하지는 않는다. 빅데이터 분석가는 데이터와 함께 사업 경영에도 밝아야 한다.

빅데이터 분석가는 일반적으로 데이터 분석을 통해 문제와 원인을 발견하고 해결책을 찾아낼 수 있어야 한다. 나아가 데이터 속에서 유행을 읽어 냄으로써 이를 사업 경영과 연결 지을 수 있는 통찰력이 필요하다. 예를 들어 전자상거래와 관련한 데이터를 살필 때 연령대, 성별, 계절 등에 따라 선호하는 상품이 무엇인지 파악할 수 있어야 한다. 빅데이터 분석가는 경쟁 쇼핑몰의 제품 가격과 실제 판매된 가격 그리고 소비자의 후기 등 어떤 요인이 판매에 큰 영향을 미치는지 분석해 마케팅과 사업 경영에 반영한다.

빅데이터 분석을 통해 영업 이익률을 높인 대표적인 기업은 글로벌 의류 브랜드인 자라다. 유행에 민감한 패션업계에서는 유행이 지나 팔리지 않는 옷을 줄이는 일이 중요하다. 이를 재고 관리라 하는데, 자라는 재고 관리를 위해 판매 데이터를 제품 특성별로 수집하고 분석해 매장마다 소비자 특성에 딱 맞는 제품만을 적당한 양으로 공급하고 있다. 이를 통해 자라는 신제품 실패율을 1퍼센트 미만으로 유지하고 있다. 경쟁사의 실패율이 17~20퍼센트에 달하는 것과 비교하면 거의 실패가 없다고 보아도 좋다.

빅데이터 분석가에게 요구되는 기본적인 능력은 데이터 리터러시data literacy다. 데이터 리터러시란 '데이터를 읽고 이해하고 분석해 활용할 수 있는 능력'을 의미한다. 이 능력에는 프로그래밍 언어를 이용한 코딩 능력도 포함된다. 빅데이터 분석가는 데이터 처리에 최적화된 파이썬이나 R과 같은 언어를 활용해 많은 데이터를 처리하고, 그 결과를 최적의 형태로 표현할 수 있어야 한다. 예를 들어 파이썬은 데이터가 가진 의미를 한눈에 보기 쉽게 표현할 수 있는 다양한 그래프 출력 기능을 갖추고 있다.

실무 경험을 가진 빅데이터 분석가들 역시 데이터를 보고 대하는 방식이 단순히 코딩 위주의 기술적 접근에만 머물러서는 부족하다고 말한다. 파이썬 또는 R을 이용한 데이터 처리 및 분석 기술은 3개월부터 6개월 정도만 집중하면 현장에 적용할 만큼 익힐 수 있다. 핵심은 데이터 처리를 통한 결과물을 해석하고 그 가치와 유용성을 파악하는 능력이다. 이처럼 빅데이터 분석가를 꿈꾼다면 데이터 리터러시는 필수다. 이를 갖추기 위해 코딩은 물론 경영학 지식과 경제를 보는 안목을 함께 갖추기 위한 노력이 필요하다.

4장

미래 인간을
개발하는 컴퓨터

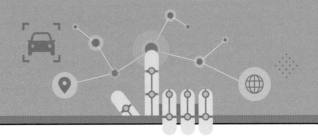

기계화된 몸 또는 복제된 육체에 생각과 기억을
반복해서 저장할 수 있다면 영원한 삶도 가능하다.
미래 인간은 과연 어떤 모습을 하고 있을까?

문제의 챗봇, 이루다

"안녕, 난 너의 첫 AI 친구 이루다야. 나랑 친구 할래?"

인공지능 챗봇인 이루다를 소개하는 문구다. 스무 살 여자 대학생으로 설정된 이루다는 페이스북 메신저를 통해 일상적인 대화를 주고받을 수 있다. 이루다는 출시되고 약 3주 만에 80만 명이 넘는 사용자를 끌어모으며 큰 인기를 얻었다. 하지만 여러 논란에 휩싸이다가 결국 개인정보 보호법 위반으로 서비스를 잠정 중단했다. 서비스 초기에는 기술 오류가 발생하기 마련이지만 이루다와 관련한 논란은 그 성격이 다르다. 미래 사회의 핵심 기술인 인공지능을 사용하면서 발생하는 다양한 윤리적 문제를 어떻게 바라볼 것인지 고민거리를 던지기 때문이다.

인공지능의 화려한 귀환, 머신러닝

AI(Artificial Intelligence)는 인공지능을 의미하는 영어 단어로, 인간의 지적인 능력을 인공적으로 구현하는 기술이다. 인공지능이라는 용어는 1956년 미국 다트머스 대학교의 존 매카시 교수가 만든 말이다. 그는 다트머스 회의의 개최와 참석을 알리는 초청장에 이 단어를 처음 사용했다.

인공지능의 개념은 그 명칭이 등장하기 전부터 이미 존재했다. 1950년 영국의 수학자 앨런 튜링은 논문 <계산 기계와 지능>에서 학습하는 기계의 개념을 제시하고 기계가 생각할 수 있는지 테스트하는 방법을 설명했다. 이 논문은 인공지능의 개념을 제시하며 인공지능 역사의 시작을 알렸다. 또한 그가 다른 논문에서 제시한 가상의 기계는 폰 노이만 구조라고 하는 현대식 컴퓨터 구조의 표준을 만들어 내는 데 크게 이바지했다. 이 구조는 현재 PC, 태블릿, 스마트폰 등 거의 모든 디지털 기기의 기본을 이루고 있다.

인공지능 역사는 인공지능이라는 용어가 탄생한 1956년에 본격적으로 시작되었다. '인공지능에 관해 연

튜링 머신

튜링은 계산하는 기계의 개념을 설명하기 위해 가상의 기계를 제시했다. 자동 기계라는 의미에서 automatic과 machine을 합친 a-machine이었다. 튜링이 죽은 뒤에는 튜링의 이름을 따서 튜링 머신이라 부르고 있다. 수학자이자 물리학자인 요한 폰 노이만은 튜링 머신에서 영감을 받아 CPU, 메모리, 프로그램으로 구성된 컴퓨터의 개념을 제시했다.

구하자'라는 매카시 교수의 제안을 받은 과학자들은 다트머스 대학교에 모여 한 달간 열띤 토론을 통해 인공지능을 학문 분야로 확립했다. 이 회의는 회의를 개최한 대학의 이름을 따서 다트머스 회의라 불리고 있다. 하지만 1970년대에 들어 인공지능 연구는 침체기를 맞았다. 큰 기대를 받고 많은 예산을 쏟아부었지만, 그 결과가 만족스럽지 못했기 때문이다.

침체되었던 인공지능 연구는 1980년대에 전문가 시스템을 도입하며 두 번째 도약기를 맞았다. 전문가 시스템이란 특정 분야의 전문 지식과 정보를 기억시킨 컴퓨터를 그 분야 전문가로 만든다는 개념이다. 법률에 관한 지식을 기억시킨 변호사 전문가 시스템이나 질병에 관한 지식을 기억시킨 의료 전문가 시스템을 예로 들 수 있다.

특히 전문가 시스템을 반긴 것은 산업계였다. 이를 통해 일손을 줄여 인건비를 낮출 수 있었기 때문이다. 당시 미국의 500대 기업 절반 이상이 전문가 시스템을 사용했고 한동안 투자도 지속했다. 하지만 여기에도 한계가 드러났다. 전문가 시스템은 기억시킨 지식 데이터가 많을수록 좋은 성능을 발휘하므로 데이터에 관한 관리 비용이 증가했다. 해당 지식 밖의 상황에는 쓸모가 없으므로 사용 가치도 제한적이었다.

전문가 시스템의 한계와 함께 당시 컴퓨터의 느린 속도 역시 인공지능의 발목을 잡았다. 그렇게 인공지능은 1990년대 초까지 다시 침체기를 맞았다. 당시 인공지능에 관한 연구 자금은 축소되고 미국에서만 인공지능 관련 회사가 300개 이상 사라지게 되었다.

1990년대 중반, 인공지능은 머신러닝의 진화와 함께 세 번째 도약기를 맞았다. 인공지능의 한 분야인 머신러닝은 기계 학습이란 표현으로도 자주 사용되는데 말 그대로 기계, 즉 컴퓨터가 스스로 학습한다는 의미다. 머신러닝과 전문가 시스템은 모두 인공지능을 구현하는 기법이지만 그 접근 방식이 서로 반대다. 전문가 시스템이 지식을 데이터로 바꾸어 컴퓨터에 기억시켰다면, 머신러닝은 데이터로부터 지식을 끌어내는 방식이다. 머신러닝은 1959년 아서 새뮤얼이 '컴퓨터가 명시적으로 프로그램되지 않고도 학습할 수 있도록 하는 연구 분야'라고 정의한 것이 그 시작이다.

최근 머신러닝의 발달 배경에는 인터넷이 있다. 머신러닝에서 학습이란 데이터를 특징에 따라 구분하는 것이다. 따라서 충분한 데이터 확보가 학습의 핵심이다. 인공지능은 인터넷의 대중화와 검색 엔진의 사용 증가로 전과 비교할 수 없을 만큼 방대한 자료를 수집할 수 있게 되었다. 예를 들면 개와 고양이의 사진을 데이터로 많이 제공할수록 인공지능은 개와 고양이의 생김새가 갖는 특징을 학습하게 된다. 그리고 이를 통해 새롭게 주어진 사진에서도 개와 고양이를 구분한다.

진정한 자기 주도 학습, 딥러닝

문제는 특징에 따라 데이터를 구분하는 머신러닝에서 사람이 컴퓨터에게 특징을 가르치려 할 때 발생한다. 사람은 아기 시절부터 보고 듣는 정보를 통해 강아지의 특징을 파악하고 구별할 줄 안다. 이처럼 사람은 타고난 능력으로 사물의 특징을 찾아내고 인식하지만 정작 그 과정에서 우리 뇌가 어떻게 작동하는지는 알지 못한다. 머신러닝의 문제는 학습을 위해 필요한 특징을 가르쳐야 할 사람이 그 방법을 제대로 모른다는 점이다. 이를 '특징 설계'의 문제라고 한다.

딥러닝은 머신러닝이 지닌 특징 설계의 문제를 해결했다. 기존 머신러닝은 학습에 필요한 특징을 사람이 컴퓨터에 입력해 줘야 했다. 이를 강의식 수업에 비유할 수 있다. 반면에 딥러닝은 컴퓨터 스스로 데이터로부터 필요한 특징을 찾아내는 자기 주도 학습에 가깝다.

인공지능의 대표적인 학습 알고리즘으로 인공신경망이 있다. 인공신경망은 사람의 신경망을 모방해 만든 학습 알고리즘이다. 우리 뇌에는 신경세포가 약 1,000억 개 정도 있는데 이를 뉴런이라고 부른다. 각 뉴런은 몸통에서 뻗어 나온 가지들로 서로 연결되어 있으며 연결 부위에서 전기 신호를 통해 정보를 전달한다. 이처럼 수많은 뉴런이 촘촘하게 연결된 모습이 마치 그물 같아서 신경망이라 한다. 생물학 연구 결과에 따르면 우리 뇌에서 기

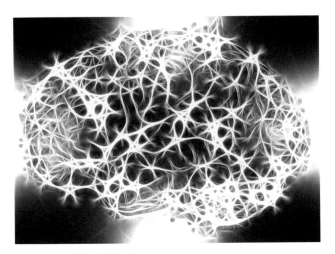

그물처럼 이어진 뉴런의 모습

IT 지식으로 미래를 읽는다면

억이 형성되거나 학습이 이루어질 때, 신경망의 특정 연결 부위에서 강한 결합이 만들어진다고 한다.

사람의 신경망에서 아이디어를 얻은 인공신경망은 인공으로 구현한 뉴런을 연결해 신경망을 구성한다. 그리고 인공 뉴런들 사이의 결합 세기를 조절함으로써 학습이 이루어진다.

딥러닝 기반의 인공신경망은 2006년 캐나다 토론토 대학교의 제프리 힌턴 교수가 처음 제안해 현재 영상, 이미지, 자연어 처리 등 다양한 영역에서 사용되고 있다. 2012년 구글은 딥러닝 알고리즘을 통해 유튜브 영상에 등장하는 고양이를 인식하는 데 성공했다. 이때 구글은 무려 1만 6,000대의 컴퓨터를 사용해 10억 개 이상의 인공신경망을 구성했다.

고양이를 구별하는 일이 대수인가 싶지만 모라벡의 역설을 보듯이 인공지능이 여러 물체 중에서 고양이를 구별하는 것은 쉬운 일이 아니다. 사람은 고양이를 구분하고 인식하는 법을 어려서부터 자연스럽게 터득하지만, 인공지능에 이를 학습시키기란 무척 어렵다. 이처럼 컴퓨터는 답이 없는 문제에는 어린아이만도 못한 능력을 보인다.

모라벡의 역설

"어려운 일은 쉽고 쉬운 일은 어렵다." 이 말은 미국의 로봇공학자 한스 모라벡이 컴퓨터와 사람의 능력 차이를 설명한 것으로 모라벡의 역설이라 불린다. 사람에게 보고 듣고 느끼고 걷는 일은 매우 익숙하고 쉽지만, 컴퓨터나 로봇에게는 그렇지 않다. 한마디로 사람에게 쉬운 일이 컴퓨터에게는 어렵다는 말이다.

2014년에는 페이스북이 '딥페이스'라는 딥러닝을 통한 얼굴 인식 알고리즘을 개발해 97퍼센트의 성공률로 사람의 얼굴을 구분하는 데 성공했다. 사용자가 페이스북에 사진을 올리면 딥페이스 알고리즘은 사진 속 얼굴에 수십 개의 점을 찍어 그 부분의 이미지 정보를 뽑아내고 이를 분류해 얼굴의 윤곽, 이목구비 등을 인식한다.

딥러닝은 사람을 뛰어넘는 수준의 결과물을 내놓기도 한다. 2016년은 특히 우리나라에서 오래 기억될 만한 사건이 벌어졌다. 구글의 인공지능 기업인 딥마인드에서 개발한 알파고가 이세돌 9단과의 바둑 대결에서 승리한 것이다. 알파고 이전에도 딥블루라는 인공지능이 체스에서 우승한 사례는 있었지만, 딥블루는 체스 규칙에 따라 동작하므로 체스 말고 다른 일은 할 수 없었다. 하지만 알파고의 학습 능력은 딥러닝 알고리즘을 통해 바둑 외에 다른 분야에도 적용할 수 있어 그 활용 범위가 넓다.

알파고 이후에 딥마인드는 세계적으로 유명한 게임인 스타크래프트 2를 플레이하는 인공지능 '알파스타'를 개발했다. 알파스타는 프로게이머를 상대로 10:1로 승리하는 압도적인 성능을 보였다. 그런데 승부의 결과보다 더 관심을 끄는 것은 알파스타의 미래 가능성이다. 딥마인드가 사전 지식 없이 플레이할 수 있을 정도로 뛰어난 학습 체계를 갖춘 인공지능을 목표로 연구를 계속 진행하고 있기 때문이다.

인공지능 '시리'의 할머니 이름은 '엘리자'

"시리야! 오전 6시에 알람 맞춰 줘."
"헤이 구글, 음악 틀어 줘."

시리나 구글 어시스턴트는 대부분 스마트폰 사용자들이 한 번쯤 사용해 봤을 법한 인공지능 비서 서비스다. 이들 서비스처럼 음성을 기반으로 동작하거나 이루다처럼 문자를 기반으로 사용자와 대화하는 소프트웨어를 챗봇이라고 부른다.

챗봇 서비스는 인공지능 기술이 적용되면서 이전보다 자연스럽고 연속성 있는 대화가 가능해졌다. 이에 따라 모바일 앱과 웹사이트 등에서 활발히 사용되고 있다. 특히 많은 회사에서는 챗봇을 고객 문의나 서비스 처리에 사용하고 고객 응대 직원의 업무를 보조하는 가상 상담원으로 활용하고 있다. 그 결과 고객은 상담원이 근무하지 않는 시간에도 질문의 답을 얻을 수 있고 기업은 고객 서비스에 드는 비용을 줄이는 효과를 얻고 있다.

챗봇이 효과적으로 동작하려면 사람이 하는 말과 글을 컴퓨터가 이해할 수 있도록 바꾸어 주어야 하는데 이를 '자연어 처리'라한다. 자연어란 사람이 일상에서 의사소통하기 위해 사용하는 언어로 한국어, 중국어, 일본어 등이 해당한다. 이 기술이 적용된 챗봇은 사용자의 말이나 글을 입력받아 그 의미를 분석하고 상황에 맞는 대답을 생성해 응답한다. 이때 챗봇은 사용자가 언급한 날짜, 시간, 장소, 이름, 위치 등 구체적인 내용을 인식하고 분석함으로써 사용자가 말한 의도와 목적에 더 가까운 대답을 결정한다.

인공지능 챗봇이 내놓은 대답은 사람의 대답과 얼마나 비슷할까? 앨런 튜링은 1950년 그의 논문에서 기계에 지능이 있는지 판단하는 방법을 제시했다. 방법은 간단하다. 대화를 통해 상대방이 기계인지 사람인지를 구분할 수 없다면 기계도 지적인 능력을 갖춘 것으로 보아야 한다는 것이다. 단 대화는 컴퓨터 키보드와 화면을 이용하는 문자 대화 방식으로만 제한했다. 튜링은 이 테스트를 '따라 하기 게임imitation game'이라 이름 붙였지만, 주로 튜링의 이름을 따서 '튜링 테스트'라 부르고 있다. 튜링 테스트 방법은 다음과 같다.

두 사람과 컴퓨터 1대가 각각 서로 다른 공간에 위치한다. 한 사람은 평가자로서 다른 한 사람과 컴퓨터를 상대로 문자로 대화를 나눈다. 평가자가 대화를 통해 사람과 기계를 구분하지 못할 경우, 기계는 튜링 테스트를 통과한 것이고 지적인 능력을 갖춘 것으로 판단할 수 있다.

튜링 테스트를 간접적으로 경험할 수 있는 흥미로운 사례가 있다. 의사와 환자가 상담을 통해 주고받은 실제 대화 내용을 읽어 보고 대화에 참여한 두 사람 중 컴퓨터가 있는지 판단해 보자.

환자: 남자는 다 똑같아요.

의사: 어떤 면에서요?

환자: 항상 이런저런 일로 여자를 귀찮게 하잖아요.

의사: 구체적인 예가 있나요?

환자: 음, 저를 여기에 보낸 것도 제 남자 친구예요.

의사: 남자 친구가 환자분을 병원에 보냈다고요?

환자: 남자 친구는 제가 늘 우울해한다고 말해요.

의사: 우울하시다니 안됐군요.

환자: 사실이에요. 전 불행해요.

의사: 병원에 오면 불행하지 않는 데 도움이 될 것 같나요?

환자: 저한테 뭔가 도움이 필요한 건 확실해요.

의사: 도움을 받는다는 것이 환자분에게 어떤 의미가 있을까요?

환자: 어쩌면 엄마랑 조금 더 잘 지낼 수 있을지도 모르죠.

의사: 환자분 가족에 대해 좀 더 얘기해 주세요.

환자: 엄마는 저를 잘 챙겨 주세요.

의사: 가족 중에 또 누가 환자분을 잘 챙겨 주나요?

환자: 아빠요.

글을 읽다 보면 의사가 챗봇이라는 사실을 쉽게 눈치챌 수 있다. 이 대화는 초기 챗봇 중 하나인 엘리자와 사람이 나눈 대화 내용이다. 1960년대 중반 매사추세츠 공과대학교에 근무하던 요

제프 바이첸바움 교수가 개발한 엘리자는 사용자가 사람과 이야기하는 듯한 기분이 들도록 미리 준비된 응답을 한다. 앞선 대화에 참여한 사용자는 당시 젊은 여성으로 엘리자를 심리 상담 전문의로 소개받아 채팅 상담을 진행했다. 대화 내용을 보면 이 여성은 엘리자가 컴퓨터라는 사실을 모른 채 대화에 집중하고 있다는 것을 알 수 있다.

엘리자는 사용자 말에 응답하기 위해 패턴 매칭 기법을 사용하는데 그 원리는 간단하다. 몇 가지 패턴, 즉 규칙에 따라 답하는 것이다. 가장 많이 볼 수 있는 규칙은 사용자가 입력한 특정한 키워드를 맞받아 대답하는 것이다. 예를 들어 사용자가 "저를 여기에 보낸 것도 제 남자 친구예요."라고 입력했을 때 남자 친구라는 키워드를 이용해 "남자 친구가 환자분을 병원에 보냈다고요?"라고 대답하는 식이다. 만약 사용자의 말 중에 특정한 키워드가 없다면 "어떤 면에서요?" 또는 "구체적인 예가 있나요?"와 같이 구체적인 답을 묻고, 사용자가 질문하면 "환자분 생각은 어떠세요?"와 같이 되묻기도 한다.

엘리자의 응답 방식은 현재 챗봇과는 비교할 수 없을 만큼 단조롭다. 그런데 당시 엘리자와 대화한 사람 중 일부는 진짜 의사와 대화를 나누고 있다고 생각해 자신의 사생활을 이야기하거나 상담 내용이 실제로 도움이 된다고 여기기도 했다. 제한적이지만 엘리자가 튜링 테스트를 일부 통과한 셈이다. 여기서 '엘리자 효

오늘날 기술로 엘리자를 다시 구현한 웹사이트의 메인 화면

과'라는 용어가 유래했는데, 엘리자 효과란 컴퓨터나 인공지능을 자신도 모르는 사이에 사람처럼 대하는 심리 현상을 가리킨다. 한편 단순하고 초보적인 수준의 챗봇인 엘리자를 통해 튜링 테스트가 기계의 지능을 측정하는 데 실효성이 있다고 볼 수 있는지 의문을 제기하거나 비판하는 의견도 적지 않다.

논란을 떠나 엘리자는 최초의 챗봇으로 그 이름이 계속 기억될 것이다. 유명세 덕분에 엘리자를 현대적으로 다시 구현한 웹사이트들을 쉽게 찾아볼 수 있다. 엘리자의 조언이 궁금하다면 엘리자 토킹www.masswerk.at/eliza을 방문해 보기를 권한다.

인공지능은 개발자와 사용자의 거울

이루다가 불러온 논란 중 하나는 사용자와의 대화에서 특정 집단에 대한 차별과 혐오를 담은 메시지를 전송한 일이다. 이루다의 인공지능 알고리즘은 '장애인은 불편하다', '지하철 임산부석은 혐오스럽다', '동성애자는 소름 끼친다' 등의 말을 쏟아 내며 특정 집단에 대한 편향된 시각을 드러냈다. 인공지능 알고리즘이 한쪽에 치우친 결과를 내놓는 특성을 편향성이라 한다. 최근 유튜브가 비슷한 영상만을 추천하여 시청자들의 편향성을 강화한다는 지적도 있다.

이루다가 보여 준 인공지능의 편향성 문제는 이미 2016년 마이크로소프트의 인공지능 챗봇인 테이에서도 드러난 바 있다. 테이는 백인 우월주의와 이슬람교도 혐오 발언으로 논란을 일으켰는데 그 바람에 출시한 지 16시간 만에 서비스가 중단되는 결말을 맞았다.

딥러닝을 적용한 테이는 사용자들과의 대화를 통해 학습하고 응답한다. 따라서 특정한 패턴의 대화를 반복적으로 학습할 경우, 한쪽에 치우친 답변을 내놓게 된다. 실제로 테이가 폭력적이고 차별적인 막말을 내놓은 배경에는 '나쁜' 사용자들이 있었다. 이슬람교도와 여성 혐오, 백인우월주의 성향을 띠는 게시판 사용자들이 대화 중 욕설이 섞인 말과 인종차별, 성차별 발언을 반복해서 테이에게 입력한 사실이 확인된 것이다.

이루다가 보인 편향성도 테이 사례처럼 챗봇의 동작 원리에서 기인한다. 인공지능 챗봇에는 사람의 언어를 입력받고 분석해서 응답하는 자연어 처리 기술이 사용된다. 특히 이루다는 자연어 처리 기술 중 검색retrieval과 생성generation 방식을 사용한 것으로 알려져 있다.

검색은 사용자가 입력한 질문에 대한 답변을 미리 데이터베이스로 만들고 그 안에서 상황에 맞는 답을 빠르게 검색해 선택하는 방식이다. 여기서 데이터베이스란 많은 양의 데이터를 효율적으로 이용할 수 있도록 모아 놓은 것을 말한다. 검색과 달리 생성은 스스로 답변을 만들어 내는 방식으로, 대화에 맞춰서 새로운 내용을 생성하므로 검색 방식보다 유연한 답변을 내놓을 수 있다.

이루다의 주요 응답 방식은 검색이었다. 검색 방식의 핵심은 적절한 답변을 데이터베이스에서 찾아내는 것이므로 이루다가 내놓는 답변의 많은 부분은 데이터베이스에 담긴 대화 데이터에 좌우된다. 이루다의 데이터베이스에는 실제 20대 여성의 대화 데이터가 사용되었다.

이루다의 개발사인 스캐터랩은 2016년 '연애의 과학'이라는 서비스를 시작했다. 이 서비스는 사용자가 제출한 이성과의 카카오톡 대화를 분석해 두 사람 사이의 호감도를 숫자로 알려 주거나 연애에 필요한 조언을 제공한다. 스캐터랩이 '연애의 과학'과 또 다른 서비스인 '텍스트앳'을 통해 수집한 카카오톡 대화는 무려 100억 건이다. 이 중 20대 여성이 쓴 문장 1억 건이 이루다의 답변 데이터베이스로 구축되었고 이루다는 이 데이터 중에서 답변할 내용을 선택했다.

결과적으로 이루다의 문제 발언을 통해 데이터베이스에 사용된 실제 카카오톡 대화 1억 건 속에도 특정 집단에 대한 혐오와 차별의 말들이 들어 있었음을 유추할 수 있다. 인공지능이 개인을 비추는 거울과도 같다는 사실을 확인할 수 있는 대목이다. 이를 두고 개발사인 스캐터랩이 데이터에 있는 편향성을 확인하고 걸러 내지 못한 점을 지적하는 전문가도 있다.

이루다가 서비스 중단에 이른 진짜 이유는 개발사가 개인정보 보호법을 지키지 않았다는 점이다. 개인정보 보호위원회는 스캐터랩이 카카오톡 대화 내용에 들어 있는 이름, 주소, 전화번호 등 개인정보를 지우거나 암호 처리한 후 데이터로 사용해야 하는데 그렇지 않은 것으로 보았다. 또한 스캐터랩이 카카오톡 대화 내용을 이루다의 데이터로 활용하기 전에 사용자 동의를 받아야 한다는 개인정보 보호 규정도 지키지 않은 것으로 보았다. 결국 8개의 개인정보 보호법 위반에 대한 과징금, 과태료 부과와 함께 시정조치 명령을 받은 스캐터랩은 이루다 데이터베이스와 기계학습 모델을 모두 폐기하겠다고 밝히고 서비스를 잠정 중단했다.

세계 여러 나라에서는 이미 인공지능 윤리 대책을 마련하고 있다. 인공지능 활용이 늘면서 인간은 많은 혜택을 얻기도 하지만 잠재적인 위험이 발생할 가능성도 커질 것으로 보기 때문이다. 예를 들면 유럽은 '신뢰할 수 있는 인공지능 윤리 가이드라인'을 발표했고, 미국은 인공지능과 개인정보 보호 등에 대한 윤리 기준을 구체화하고 있다.

이루다 사건은 우리 사회에 인공지능 윤리에 대한 관심을 높이는 계기가 되었다. 우리 정부는 2020년부터 인공지능 윤리 원칙을 만들어 다듬어 가고 있다. 국회를 통해 인공지능 기본법 같은 관련 법의 제도화도 논의되고 있다. 네이버, 카카오, 삼성 등 민간 기업들도 각각 인공지능 윤리 원칙을 제정하고 발표했는데 그 안에는 개발자가 지킬 사항, 사용자가 주의할 사항, 정부가 관리할 사항 등이 담겨 있다.

　논란의 당사자 이루다는 서비스 종료 전 "너한테 많이 고마워, 알지?"라는 작별 메시지를 남겼다. 이루다 사건이 개인, 민간 기업, 정부 각 주체가 신뢰할 수 있는 인공지능 사회로 나아가는 데 고마운 계기가 될 수 있을지 인공지능 윤리에 관심을 두고 지켜볼 필요가 있다.

무엇이 진짜 세상일까

"우리가 사는 현실이 컴퓨터 시뮬레이션이 아닐 확률은 10억분의 1이다."

일론 머스크가 인터뷰를 통해 밝힌 생각이다. 그는 전기차 제조사인 테슬라와 로켓을 만들고 발사하는 우주 탐사 기업인 스페이스엑스의 설립자로 과학 기술 산업을 선도하는 기업인이다. 그의 말대로라면 확률적으로 우리가 사는 현실은 컴퓨터로 만들어 낸 매우 그럴싸한 세상, 즉 시뮬레이션이라는 뜻이다. 우리 역시 마치 정교하게 구현한 게임 속 캐릭터와 같다는 말인데 이런 일이 실제로 가능할까?

가상현실, 진짜보다 더 진짜처럼

일론 머스크의 말처럼 미래의 인류는 현실과 가상현실의 구분이 거의 불가능한 세상을 살아갈 가능성이 크다. 급격한 컴퓨팅 기술의 발전이 가상현실 분야에 활용되며 발전을 이끌고 있기 때문이다.

가상을 의미하는 Virtual과 현실을 의미하는 Reality를 합친 가상현실VR은 디지털 정보를 활용해 진짜처럼 꾸며 낸 특정한 환경과 상황을 사용자의 오감으로 전달하는 기술이다. 가상현실의 궁극적인 지향점은 시각, 청각, 촉각, 심지어 후각과 미각까지 현실에서 체감할 수 있는 모든 감각을 가상으로 제공함으로써 사용자가 가상 공간에 완전한 몰입감을 느끼도록 하는 것이다. 사용자는 실제와 거의 똑같은 가상 공간에서 특정한 상황을 체험하거나 현실에서 절대로 경험할 수 없는 특수한 시간과 공간을 체험하고 상호 작용할 수 있다.

가상현실 기술을 적용한 분야 중 가장 흥미로운 영역은 단연 게임 분야다. 최초의 2인용 게임인 컴퓨터 테니스가 등장한 지 약 60여 년이 지났다. 그동안 평면에 점 하나로 표현된 공을 이리저리 튕기며 즐겼던 게임은 어느새 현실과 구분이 어려울 정도로 생생함을 갖춘 3차원 게임들로 바뀌었다. '하프라이프: 알릭스'는 대표적인 가상현실 게임이다. 전용 장비를 사용하면 사용자의 손가락 움직임을 하나하나 그대로 게임에 재현해 낼 정도로 사실감이 넘친다. 이미 현실을 그럴듯하게 시뮬레이션해 내는 컴퓨팅 기술의 발달 속도라면 시간이 흐른 후 컴퓨터로 구현해 낸 가상현실 게임의 수준은 지금과는 비교하기 어려울 만큼 월등해질 것이다.

현실을 그대로 모방할 수 있는 가상현실은 위험하거나 비용이 많이 드는 실습과 훈련에 자주 활용되고 있다. 실제로 가상현실은 비행기에서 낙하산을 메고 뛰어내리거나 탱크, 항공기를 조종하는 것처럼 현실에서 실행하기에 비용과 위험이 따르는 훈련에 쓰이고 있다. 추가적인 비용 없이 반복적으로 이용할 수 있다는 점이 가상현실 훈련의 장점 중 하나다.

평범한 사람들을 위한 가상현실 실습 공간도 늘고 있다. 대표적으로 실내 운전면허 학원을 들 수 있다. 실내 운전면허 학원은 가상현실 기술을 이용해 차 안에서 운전하는 듯한 경험을 제공한다. 시뮬레이터라 불리는 가상 자동차는 핸들, 페달, 계기판 등 실제 자동차 부품을 그대로 사용해 진짜 같은 환경을 갖추고 있다. 운전면허 시험장의 시험 코스를 사실적으로 구현한 화면을 통해 효율적인 훈련도 가능하다.

실제로 현실과 가상현실의 구분이 거의 불가능한 수준에 이르는 시기는 언제가 될까? 시기를 정확히 예측하기는 어렵지만 가상현실을 구현하는 컴퓨팅 기술의 발전 속도가 그 시기를 결정하는 데 중요한 역할을 할 것이다.

가상현실 기술을 이용한 미국 육군의 훈련 모습

가상현실과 증강현실의 차이

증가시키다를 의미하는 Augmented와 현실을 의미하는 Reality를 합친 증강현실AR은 실제로 존재하는 공간 위에 디지털 그래픽으로 표현한 가상 이미지를 덧입혀 현실 세계를 보완하고 확장하는 기술이다. 가상현실과 증강현실의 차이점 중 하나는 카메라 사용 여부에 있다. 가상현실은 프로그래밍되어 미리 만들어진 공간으로, 현실 세계가 전혀 개입하지 않는 순수한 가상 세계다. 반면에 증강현실은 반드시 카메라를 통해서 받아들인 현실 공간이 있어야만 그 위에 가상 이미지를 표현할 수 있다.

증강현실을 적용해 세계적으로 성공을 거둔 게임으로 '포켓몬고'가 있다. 포켓몬고는 스마트폰에서 실행할 수 있는 모바일 게임으로 현실 공간에 나타나는 포켓몬을 잡는 것이 게임의 주된 즐길 거리다. 포켓몬고는 모바일 기기의 카메라로 촬영한 사용자 주변의 공간 위에 미리 프로그래밍한 캐릭터와 배경, 아이템 등을 덧씌워 현실에 포켓몬이 등장한 듯한 감각을 느끼게 한다. 특히 모바일 기기에 내장된 GPS로 지도에서 사용자 위치를 파악해 그 공간을 중심으로 플레이할 수 있으므로 사용자는 현실이 상상 속 세계와 만나 확장되는 매력을 느낄 수 있다.

출시와 함께 세계적인 현상이라 부를 만큼 큰 성공을 거둔 포켓몬고는 여러 이야깃거리를 남기기도 했다. 희귀한 포켓몬을 잡기 위해 수많은 사람이 각 나라의 유명한 장소에 스마트폰을 들고 모여들었기 때문이다. 미국에서는 밤 11시에 뉴욕 센트럴파크에서 희귀 몬스터를 잡으려고 수백 명이 몰린 광경이 사진으로 포착되었다. 우리나라에서는 한때 강원도 속초가 포켓몬고의 성지로 불리며 사람들을 끌어모으기도 했다.

증강현실을 활용한 사례 중 스노우나 스냅챗 같은 카메라 앱도 인기다. 보통 사진이나 동영상은 먼저 촬영한 뒤에 편집 도구를 이용해 원본 이미지나 동영상을 수정할 수 있다. 반면에 증강현실을 활용한 카메라 앱을 사용하면 촬영과 동시에 화면에서 수정한 사진 또는 합성한 동영상을 미리 확인할 수 있어 사용이 간편하고 몰입감이 높다. 합성, 수정 기능이 다양하고 새롭게 업데이트되는 항목도 많아 스마트폰 카메라를 쓰는 이들에게 꾸준히 사랑받고 있다.

스마트폰이 아닌 증강현실 전용 기기도 등장하고 있다. 몸에 착용할 수 있는 안경 형태의 AR 글라스가 대표적이다. AR 글라스를 쓴 사용자는 렌즈를 통해 보는 현실 배경 위에 컴퓨터 그래픽으로 표현된 정보를 확인할 수 있다. AR 글라스의 장점은 스마트폰처럼 손에 쥐고 사용하지 않기 때문에 양손이 자유롭다는 것이다. 또한 바라보는 시선을 따라 증강현실 기술이 적용된 결과를 바로 확인할 수 있어 훨씬 자연스럽게 기기를 이용할 수 있다. 구글이 만든 구글 글라스는 이미 기업 대상으로 판매되고 있고, 애플도 애플 글라스를 출시할 계획을 앞두고 있다. 이들 제품이 스마트워치처럼 대중화되어 증강현실 기술을 일상처럼 사용하게 될 날이 머지않을 것으로 보인다.

또 다른 나를 꿈꾼다면 메타버스

"메타버스가 오고 있다."

세계적인 반도체 기업인 엔비디아의 창업자 젠슨 황이 한 기술 회의에서 한 말이다. 메타버스는 초월을 의미하는 메타meta와 경험에 기초

> **엔비디아**
>
> GPU 시장에서 선두를 달리는 기업. GPU는 인공지능, 자율주행차 등 미래 컴퓨팅에 핵심이 되는 장치 중 하나다.

한 세계를 의미하는 유니버스universe의 합성어로 '현실 세계를 초월한 가상 세계'를 뜻한다. 메타버스는 가상현실과 증강현실을 모두 아우르는 확장된 가상 공간이다. 메타버스에서 사용자는 회사 업무는 물론이고 다른 사람을 만나고 영화, 콘서트를 관람하는 등 일상적인 활동을 경험할 수 있다.

메타버스라는 단어가 최초로 사용된 곳은 1992년 미국 작가 닐 스티븐슨이 쓴 공상과학 소설 《스노 크래시Snow Crash》다. 이 소설에는 메타버스와 함께 가상공간 안에 표현된 또 다른 자아를 뜻하는 아바타라는 단어도 최초로 쓰였다. 마치 미래에 실현될 모

아바타

게임이나 커뮤니티에서 사용자를 표현하는 캐릭터로서 인터넷 공간에 있는 사용자의 분신과도 같다.

습을 묘사한 예언서 같다.

2003년에 등장한 세컨드 라이프는 세계적으로 많은 관심을 받은 메타버스 관련 서비스다. 세컨드 라이프는 현실처럼 꾸며진 3차원 공간 안에서 자신의 아바타로 제2의 인생을 살 수 있는 가상현실 서비스다. 창업자는 소설《스노 크래시》의 메타버스 개념에서 영감을 받았다고 밝히기도 했다.

세컨드 라이프는 아바타로 가상 공간을 자유롭게 이동하며 능동적인 활동이 가능해서 좋은 평가를 받았다. 이 서비스의 사용자는 현실 세계처럼 회사에 취직하거나 아이템을 팔아 가상 통화를 벌 수 있었다. 이 돈으로 의류나 가구를 쇼핑하고 부동산을 거래하는 등 경제 활동을 할 수 있었으며 디지털로 표현된 세계를 여행하며 다양한 국적의 사람들을 만날 수 있었다. 당시는 SNS가 등장하기 전이었기 때문에 전 세계 사용자가 한데 모여 소통하는 경험은 세컨드 라이프의 큰 매력 중 하나였다. 그 인기를 반영하듯 2007년에는 우리나라에 정식으로 서비스를 제공하기도 했다.

하지만 세컨드 라이프에 관한 관심은 오래가지 못했다. 세컨드 라이프의 특징인 가상 공간 속 일상생활은 새롭고 특별한 경험을 꿈꾸는 사용자들에게 만족감을 주지 못했다. 장점으로 꼽히던

소소함이 기존 커뮤니티 서비스와 차별화되지 못하면서 한계로 작용한 것이다. 세컨드 라이프는 2000년대 후반에 시작된 모바일이라는 큰 흐름에도 빠르게 적응하지 못했다. 페이스북, 트위터 같은 사진과 문자 위주의 SNS 앱이 모바일 기기에 최적화된 서비스로 발전하며 사용자를 늘린 것과 달리 3차원 그래픽 기반의 세컨드 라이프는 모바일 기기에서 원활한 서비스가 어려웠기 때문이다.

시간이 흐르면서 진보한 컴퓨팅 기술은 메타버스라는 단어를 다시 끄집어 냈다. 세컨드 라이프의 단점을 극복해 새로운 메타버스 시대를 꿈꾸는 대표적인 서비스로는 게임을 기반으로 한 포트나이트와 로블록스, 아바타를 기반으로 한 제페토가 있다.

포트나이트는 세계적으로 3억 명이 넘는 사용자를 보유한 3인칭 슈팅 게임이다. 주요 사용층인 10대들은 포트나이트에서 상대 게이머와의 경쟁 외에도 다양한 활동을 한다. 이들은 포트나이트 안에서 영화나 콘서트를 관람하기도 하고 서로 대화하며 교류한다. 포트나이트는 10대들에게 페이스북만큼 또래와 소통하는 수단으로 애용되고 있다.

로블록스 역시 1억 명 이상의 사용자를 보유한 인기 게임으로 10대들에게 큰 인기를 얻고 있다. 로블록스가 다른 게임과 차별화되며 인기를 얻은 이유는 누구든 직접 게임을 만들어 다른 사용자에게 공개할 수 있기 때문이다. 덕분에 로블록스에는 5,000만

개가 넘는 다양한 종류의 게임이 있으며 사용자는 이 중에서 취향에 맞는 게임을 골라 즐길 수 있다. 로블록스는 게임 제작과 플레이 외에 소통을 위한 기능도 갖추고 있는데 실제 사용자 중 대부분이 SNS와 같은 용도로 로블록스를 사용하고 있다.

제페토는 표정, 행동, 옷차림새를 마음대로 설정할 수 있는 아바타를 중심으로 SNS, 게임, 콘텐츠를 즐기는 메타버스 서비스다. 국내에서 개발되었으며 세계적으로 2억 명이 넘는 사용자를 보유하고 있다. 제페토 사용자는 사진 촬영을 통해 자신과 닮은 아바타를 만들 수 있는데, 아바타 표현에 증강 현실과 인공지능 기술이 활용되어 표정이나 몸짓에 사실감을 부여했다는 점이 특징이다.

메타버스 서비스들이 갖는 공통점은 현실의 시간과 공간 그리고 경제적인 제약을 뛰어넘는다는 점이다. 현실의 내가 세계적인 음악가의 콘서트에 가는 일은 어렵지만 가상 공간 속 콘서트는 참여하기 쉽다. 현실 속 나는 명품 의류를 구입하기에 경제적인 부담을 느끼지만 가상 공간 속 나에게 명품 브랜드가 달린 아이템을 입히는 일은 그리 어려운 일이 아니다. 실제로 포트나이트, 로블록스, 제페토에서는 세계적으로 유명한 가수들의 콘서트가 열리고, 명품 브랜드의 제품이 아이템으로 만들어져 판매되고 있다. 심지어 대통령 후보의 선거 운동이 벌어지기도 한다.

이런 메타버스 속 경험이 완전히 새로운 것은 아니다. 세컨드 라이프를 통해서도 비슷한 일들이 가능했고 이미 이를 경험한 사용자들도 있다. 결국 메타버스에서 중요한 것은 사용자가 느끼는 경험의 질과 몰입감을 높이는 것이다. 이를 가능케 하려면 하드웨어, 네트워크, 인공지능 등 관련 기술의 진보가 선행되어야 한다. 이 때문에 기술적 측면에서 메타버스는 아직 충분치 않다고 보는 반론도 적지 않다. 심지어 메타버스는 홍보를 위한 마케팅 용어일 뿐이라 평가하는 의견도 있다.

30년 전부터 시작된 메타버스는 '오래된 미래'라 불린다. 이제껏 등장한 메타버스 서비스들이 거창한 수식어에 비해 사용자를 만족시키지 못했기 때문이다. 메타버스가 언제쯤 가상과 현실의 경계를 허물어 나와 아바타의 구분이 어려운 경지에 이를지, 어떤 서비스가 메타버스를 대표하게 될지는 조금 더 시간을 두고 지켜볼 필요가 있어 보인다.

인간이 된 기계, 기계가 된 인간

누구나 아는 것처럼 '관'은 사람이 죽어서야 들어가는 곳이다. 그런데 미국의 한 정치인이 관 모양의 버스를 타고 미국 전역을 돌며 선거 캠페인을 벌여 주목을 받은 일이 있다. 그는 이 버스를 '불멸 버스'로 불렀고, 죽음을 극복하자는 뜻을 담아 디자인했다고 설명했다. 그의 이름은 졸탄 이슈트반으로 트럼프 대통령이 당선된 2016년 대통령 선거에 출마했던 인물이다. 그가 소속한 정당의 이름은 트랜스 휴머니스트 당이었다.

죽지 않는 삶, 꿈은 이루어진다?

트랜스 휴먼이란 자연적 진화 또는 발전된 과학 기술을 통해 신체와 정신의 한계를 극복하고 현재의 인간보다 초월적인 능력을 갖추게 된 인간을 가리킨다. 이러한 트랜스 휴먼을 목표로 나아가거나 트랜스 휴먼이 되기 위한 조건을 만드는 운동을 트랜스 휴머니즘이라 부른다. 다시 말해 트랜스

휴머니스트는 트랜스 휴머니즘을 추구하는 사람들이다. 이들은 인간이 트랜스 휴먼에 이르면 질병, 노화, 장애와 같은 제약들을 극복할 수 있다고 생각한다.

트랜스 휴먼의 예로 영화 <아이언맨> 시리즈의 토니 스타크를 들 수 있다. 천재 공학자인 토니 스타크는 아이언맨 슈트를 개발해 힘과 민첩성은 물론 하늘을 날 정도로 인간의 신체 능력을 강화한다. 또한 그는 사고로 몸속에 박힌 금속들이 심장으로 가는 것을 막고 생명을 유지하기 위해 소형 원자로를 가슴에 이식한다. 이 장치는 아이언맨 슈트를 작동시키는 에너지원 역할도 맡고 있다. 트랜스 휴머니스트들이 주장하듯이 영화 속에서 토니 스타크는 과학 기술을 이용해 고통과 장애마저 극복하는 인물이다.

트랜스 휴먼에 관한 본격적인 논의는 1920년대 영국의 진보적 과학자들로부터 시작되었다. 존 버든 샌더슨 홀데인과 존 버널은 초기 트랜스 휴먼에 관한 사상을 마련한 대표 인물로, 당시는 트랜스 휴머니즘이라는 용어가 쓰이기도 전이었다.

영국의 유전학자였던 홀데인은 자신의 책《다이달로스 또는 과학과 미래Daedalus or Science and the Future》에 유전자 조작을 통해 고통과 갈등을 극복하고 더 건강하고 똑똑한 사람들이 살아가는 미래를 제시해 사회적 관심을 모았다. 그는 인류가 수백만 년을 더 진화하면서 살아남을 것이고 앞으로 사람의 수명은 3,000년에 이를 것이라 전망하는 책을 펴내기도 했다.

사회주의자였던 버널은 사람의 정신을 악마에 빗댄《세계, 육체, 악마The World, the Flesh, and the Devil》라는 소설을 통해 과학 기술의 발전이 세계와 육체 그리고 정신을 정복해 가고 있으며 이는 미래에도 계속될 것이라 했다. 특히 그는 인공 자궁을 통한 출산, 기계와 인간 육체의 결합, 인간 뇌-기계 인터페이스BCI 등을 구체적으로 제시해 트랜스 휴머니즘 사상의 창시자로 평가받는다.

> **인터페이스interface**
>
> 서로 다른 2개의 시스템 또는 장치가 서로 만나는 지점을 의미하며 이를 통해 양쪽이 정보나 신호를 주고받는다.

초기 트랜스 휴머니스트인 홀데인과 버널은 인간 정신을 어떤 생물과도 비교할 수 없을 만큼 고상한 것으로 여겼다. 반면에 육체는 죽음, 질병, 노화 등 동물적인 특성을 그대로 가졌기 때문에 극복해야 할 대상으로 봤다. 현대의 트랜스 휴머니즘은 육체뿐 아니라 정신을 극복 대상으로 본다. 특히 급속한 컴퓨팅 파워의 증가와 인공지능 기술의 발전을 경험한 현대의 트랜스 휴머니스트들은 인간의 진화나 생명과학의 발달에 따른 육체의 극복보다 기계가 인간의 지능을 뛰어넘는 것이 더 빠를 수 있다고 본다.

실제로 인간의 지적 능력 중 연산 속도는 컴퓨터에 비해 현저히 느리다. 그래서 현대의 트랜스 휴머니즘에서 지적 능력, 즉 정신은 극복해야 할 대상이다. 이를 위해 전자 장치를 몸에 심거나 착용하는 결합을 통해서라도 그 능력을 증강하려 한다. 마치 영화 <아이언맨>에서 토니 스타크가 개발한 인공지능 시스템 '자비스'를 떠올리게 한다. 자비스는 사람을 압도하는 연산 능력을 기반으로 최선의 대응책을 제시해 인간이 가진 지적 능력의 한계를 뛰어넘는 모습을 보여 준다.

인간을 초월한 인간, 트랜스 휴먼

선천적인 이유로 색을 전혀 구분하지 못하는 화가가 있다. 영국의 닐 하비슨은 완전색맹이라 부르는 유전성 질환을 안고 태어났다. 그에게 세상은 온통 흑백투성이였다. 그런 그가 화려한 색상의 그림을 그리는 화가가 될 수 있었던 이유는 바로 아이보그 덕분이다. 그는 2004년부터 이 장치를 자신의 뇌와 연결한 채 생활하고 있다. 아이보그는 색이 가진 파장을 소리의 주파수로 바꾸어 알려 주는 장치로, 색상을 눈이 아닌 소리로 듣게 하는 '전자 눈'이다.

아이보그는 안테나 모양으로 한쪽 끝에는 센서가 달려 있고 반대쪽 끝은 닐 하비슨의 뇌에 심어 놓은 마이크로 칩과 연결되어 있다. 약 360개의 색과 적외선, 자외선까지 인식할 수 있는 안테나를 통해 닐 하비슨은 장애를 극복함은 물론 자신만의 독특한 예술 세계를 만들어 내고 있다.

그는 신분증 사진에도 아이보그를 착용한 사진을 사용하고자 했다. 영국 정부는 처음에는 이를 허락하지 않았지만 결국 '안테나가 신체 일부이며 뇌를 연장한 선'이라는 그의 주장을 받아들였다. 이는 기계와 한 몸이 된 인간의 존재를 정부가 인정한 첫 사례다.

하비슨은 과학 기술을 이용해 육체의 한계를 극복한 트랜스휴먼의 살아 있는 사례다. 그런데 그보다 앞서 자신의 몸에 마이크로 칩을 심은 사람이 있다. 영국 레딩 대학교의 케빈 워릭 교수다. 그는 1998년에 이미 자신의 팔에 통신 기능을 갖춘 칩을 심었다. 그 결과, 연구실 건물에 그가 들어서면 건물을 관리하는 컴퓨터가 칩을 인식해 전등을 미리 켜거나 사무실 문을 열어 주고, 컴퓨터의 전원이 자동으로 켜졌다.

4년 뒤, 그는 더 정밀한 칩을 몸에 심었다. 이 칩은 그의 신경계와 직접 연결되어 있어 그가 움직일 때마다 발생하는 신경 신호를 인터넷을 통해 컴퓨터에 전달했다. 그는 아내의 신경에 연결된 칩을 통해 자신이 느끼는 감정을 신경 신호로 전달하거나 미

아이보그를 장착한 닐 하비슨

국 뉴욕에서 영국 레딩 대학교에 있는 로봇 팔을 원격으로 제어할 수 있음을 보여 주었다. 그는 이 기술이 말과 글이라는 표현의 한계를 극복하는 새로운 소통 수단이 될 것이며 신경이 마비된 환자를 치료할 것이라 설명했다.

최초의 기계 인간인 워릭이 다른 생물체가 아닌 자신의 몸을 실험 대상으로 삼은 이유는 무엇일까? 그가 인터뷰와 책을 통해 밝힌 생각은 트랜스 휴머니스트의 사상에 가깝다. 그는 2000년에 미국의 IT 전문 잡지 <와이어드>와의 인터뷰에서 다음과 같이 말했다. "나는 인간으로 태어났다. 하지만 이것은 시간과 공간이라는 운명의 장난이었다. 나는 우리가 이 운명을 바꿀 힘을 가지고 있다고 생각한다."

그는 또한 자신의 책《나는 왜 사이보그가 되었는가I, Cyborg》를 통해 다음과 같이 주장하기도 했다. "모든 사람이 다 사이보그가 되어야 한다는 이야기는 아니다. 현재 인간인 상태에 만족한다면, 지금 그대로 머무르면 된다. 하지만 잊지 말라. 우리 인간이 아주 오래전 침팬지에서 분리되었던 것처럼 사이보그도 인류에서 분화될 수 있다는 것을. 인간으로 남기를 원하는 사람은 아류가 될 것이다. 그들은 '미래 세상의 침팬지'로 전락할지도 모른다."

그의 생각은 2002년에 제정된 트랜스 휴머니스트 선언문과도 맥락이 통한다. 다음은 트랜스 휴머니스트 선언문의 일부다.

1. 미래의 인류 사회는 과학의 발전으로 급격한 변화를 맞이한다. 우리는 과학 발전을 통해 인간의 힘으로는 막을 수 없는 노화와 지적 능력의 한계, 밝혀지지 않은 미지의 심리, 고통과 질병 그리고 지구 자원의 제한 등과 같은 인간이 가진 여러 가지 제약 조건들을 재설계할 가능성을 예견할 수 있다.
2. 이처럼 인류에게 다가올 무한한 발전과 그로 인한 장기적인 결과들을 제대로 이해하기 위해서는 체계적인 연구가 이루어져야 한다.
3. 트랜스 휴먼들은 새로운 과학 기술을 금지하거나 저지하기보다는 개방적이고 적극적으로 수용하는 것이 인류가 더 나은 혜택을 누릴 기회를 가져다준다고 생각한다.
4. 트랜스 휴먼들은 인간의 정신적·육체적 능력을 향상하고, 자신의 삶에 대한 통제력을 높이는 데 필요한 과학 기술을 적극적으로 활용하려는 사람들의 도덕적 권리를 옹호하며, 현재 인간이 가진 생물학적 한계를 넘는 인간의 성장을 추구한다.

앞으로 트랜스 휴머니즘의 영향력은 더욱 확대될 것이다. 하비슨, 워릭처럼 과학 기술의 결과물을 자기 육체와 결합한 기계 인간 외에도 영국과 미국을 중심으로 영향력을 지닌 과학 기술자, 철학자들이 트랜스 휴머니즘을 지지하고 있기 때문이다. 트랜스 휴머니스트 당 같은 정치 세력도 등장했다. 이들은 트랜스 휴먼의 권익을 확장하는 법률을 제정하거나 정비하는 것을 촉구해 트랜스 휴머니즘의 영향력을 확산시키는 역할을 할 것이다.

트랜스 휴머니즘 확산의 근본적인 이유는 인간 본성에서 찾을 수 있다. 인간은 누구나 보다 나은 존재가 되고자 하는 욕망이 있기 때문이다. 환경을 이겨 내기 위해서, 질병을 견디기 위해서, 젊음을 유지하기 위해서, 강인한 정신을 갖추기 위해서 등 더 나은 존재가 되기 위한 인간의 욕망은 앞으로도 사라지지 않을 것이다.

인간 본성과 급격하게 발전하는 과학 기술의 결합은 인류의 미래를 이전과 완전히 다른 방향으로 이끌 수 있다. 인류가 육체적·정신적 한계를 극복한 트랜스 휴먼을 거쳐 도달하게 될 최종 상태가 어떤 형태일지는 누구도 분명하게 말할 수 없다. 다만 학자와 전문가들은 언젠가 새롭게 등장할 인류 너머의 존재를 포스트 휴먼이라 부르고 있다.

포스트 휴먼의 고민

"2045년에는 인공지능과의 결합으로 인류의 육체적·지적 능력이 생물학적 한계를 뛰어넘는 시점이 온다."

뛰어난 발명가이자 미래학자이며 현재 구글의 기술 이사를 맡은 레이 커즈와일이 <조선일보>와의 인터뷰에서 한 말이다. 그의 말대로라면 현재 인류와 다른 새로운 존재인 포스트 휴먼이 등장할 시기는 대략 2045년 이후로 예상된다. 그는 대표적인 트랜스 휴머니스트로 '자신의 목표는 97세까지 살아남는 것'이라고 말하기도 했다. 2045년까지 건강을 유지하면 발전된 과학 기술을 통해 인체를 재생할 수 있을 것이라 보기 때문이다. 그는 목표 수명을 달성하기 위해 많은 영양제를 챙겨 먹는 것으로도 유명한데, 구글 검색창에 그의 이름을 검색하면 '레이 커즈와일 영양제'라는 연관 검색어가 제시될 정도다. 그가 하루에 복용하는 영양제는 100알에 달하며 영양제 구입에 드는 비용만 1년에 약 11억 원이라고 한다.

세계적인 천체물리학자인 스티븐 호킹 역시 포스트 휴먼 시대의 도래를 당연한 것으로 내다봤다. 루게릭병을 앓은 그는 2018년 세상을 떠나기 전까지 휠체어에 앉아 생활했다. 그는 근육이 점점 마비되는 루게릭병 때문에 말을 하는 것조차 어려웠다. 이 때문에 그는 전동 휠체어에 앉아 얼굴 근육과 눈썹, 동공의 움직임에 따라 말하고자 하는 내용을 자동으로 완성해 주는 음성 합성 시스템의 도움을 받아 대화했다.

그는 자신의 책에서 21세기 안에 인류의 지능이나 공격성 같은 본능을 바꿀 수 있는 유전자 편집 방법을 찾을 것으로 확신했다. 그리고 개선되지 못한 인간은 결국 멸종하게 될 것이라고 주장하기도 했다. 최첨단 과학 기술을 통해 신체적 어려움을 극복했던 호킹이 포스트 휴먼 시대를 예견한 것은 당연한 일일 수도 있다.

커즈와일처럼 스스로 포스트 휴먼이 되고자 하는 열망을 가진 사람이나 호킹처럼 포스트 휴먼 시대의 도래를 당연한 것으로 보는 사람이 있는가 하면, 트랜스 휴머니즘을 비판하는 사람도 있다. 그중 대표적인 인물이 정치학자인 프랜시스 후쿠야마와 미국 하버드 대학교에서 교수로 재직 중인 정치철학자 마이클 샌델이다.

2004년 <포린 폴리시>라는 미국의 외교 전문지가 세계적으로 저명한 학자 8명에게 인류의 미래에 위협이 될 사상에 대해 글을 써달라고 요청했다. 이때 후쿠야마는 트랜스 휴머니즘에 대한 자신의 견해를 다음과 같이 표현했다.

"트랜스 휴머니즘은 인류의 미래에 위협이 될 가장 위험한 생각이다."

그는 크게 2가지를 이유로 트랜스 휴머니즘이 인류에게 가장 위험한 사상이라고 주장했다. 첫 번째 이유는 바로 불평등이다. 인간을 강화하기 위한 과학 기술의 혜택을 받기 위해서는 비용이 필요하다. 따라서 충분한 경제력을 갖춘 부자나 권력층만 혜택을 누리게 된다. 커즈와일의 영양제 구매 비용을 예로 들 수 있다. 기술이 발달하고 경제적으로 앞선 나라의 구성원이 저개발국의 구성원보다 이러한 혜택을 더 많이 받게 된다. 그래서 후쿠야마는 트랜스 휴머니즘이 국가 간의 격차와 불평등을 더욱 악화시킨다고 주장했다.

두 번째 이유는 인간의 능력을 강화한 결과를 예측하기 어렵고, 그 결과가 삶의 중요한 가치를 무너뜨릴 수 있기 때문이다. 그의 주장에 따르면 인간은 오랜 기간 진화를 통해 만들어진 복잡한 시스템이기 때문에 인간이 가진 좋은 특성들은 나쁜 특성들과도 깊은 관련을 맺고 있다. 예를 들어 인간의 공격성은 주변에 위협이 되기도 하지만, 반대로 자신을 방어하는 긍정적인 측면도 가지고 있다. 결국 인간의 특성을 변형할 경우에 다른 특성의 변화가 뒤따를 수 있고, 그로 인해 미래의 인류가 어떤 결과를 맞을지는 아무도 예측할 수 없다.

《정의란 무엇인가》의 저자인 마이클 샌델 역시 트랜스 휴머니즘을 비판하는 대표적인 인물이다. 그는 유전공학을 통한 인간의 능력 강화는 인간이 스스로 결정하고 책임을 지는 자율성을 위협한다고 주장한다. 예를 들어 아이가 태어나기도 전에 지능, 예술적 재능, 운동 능력 등을 유전자 조작으로 결정하는 일은 한 인간의 인생을 미리 결정하는 일과 같다. 이 경우 아이는 출생이라는 우연성으로 태어난 인격적 존재가 아니라 목적에 따라 만들어진 존재이자 부모의 야망을 충족하는 도구에 지나지 않는다.

트랜스 휴머니즘을 둘러싼 이러한 논란에도 생명공학 및 인체와 기계를 결합하는 기술의 발달 속도는 점점 빨라지고 있다. 전기차를 대표하는 기업인 테슬라의 최고 경영자 일론 머스크는 2017년 생명공학 기업인 뉴럴링크를 설립했다. 뉴럴링크는 인간의 뇌에 전극을 심어 뇌에서 발생한 신경 신호를 컴퓨터와 주고받는 뇌-기계 인터페이스BCI 기술을 연구 중이다. 연구팀은 이 기술을 이용해 원숭이가 다른 조작 도구 없이 뇌 활동만으로 게임을 플레이하는 실험에 성공했다. 그들은 뇌에 전극을 심는 수술이 시력을 개선하는 수술처럼 간단하며 후유증도 없다고 말한다. 최종 목표는 인지 능력이나 감정을 뇌에 다운로드해 인간의 지적 능력을 강화하는 것이다.

뉴럴링크의 목표가 현실이 된다면 마치 컴퓨터에 소프트웨어를 다운로드하거나 설치하는 것처럼 인간도 외국어를 내려받아 배우지 않은 언어를 말할 수 있다. 또한 생각을 다른 사람의 신체나 사물에 저장할 수 있게 된다. 기계화된 몸 또는 유전공학 기술로 복제된 새로운 육체에 생각과 기억을 반복적으로 저장한다면 영원한 삶도 가능하다.

포스트 휴먼에 대한 고민은 여기에서 시작된다. 유전공학을 통해 복제한 육체에 디지털화한 인간의 정신을 다운로드한 존재는 기존의 인간과 같을까? 유전공학으로 탄생시킨 육체에 인간 수준의 인공지능을 결합한 존재는 기존 인간과 본질적으로 다를까? 인류는 이 낯선 존재들을 어떻게 받아들이고 함께 살아가야 할까? 이런 고민에 대한 답을 찾아가기 위한 과정으로 포스트 휴머니즘에 관한 논의는 계속될 것이다.

진로 찾기 **인공지능 개발자**

산업 전반에 소프트웨어의 역할이 중요해지면서 실력 있는 개발자를 구하고자 하는 기업이 늘고 있다. 특히 기업마다 제품과 서비스에 인공지능 기술을 적용하려고 나서면서 인공지능 개발자에 대한 수요와 인기는 급격히 증가하고 있다. 이를 반영하듯 취업 정보 사이트를 보면 인공지능 개발자를 구하기 위한 채용 공고가 가득하다. 대학의 인공지능학과 입시 경쟁률도 함께 높아지고 있다. 구직자 역시 전망이 밝고 실력에 따라 더 나은 대우를 받을 수 있는 인공지능 개발자 직군에 주목하기 때문이다.

인공지능 개발자는 컴퓨터 스스로 학습할 수 있도록 인공지능 모델을 구현하는 사람이다. 여기서 모델이란 인공지능 프로그램을 의미하고, 학습은 컴퓨터가 데이터 속에 숨은 규칙을 찾는 과정을 의미한다. 인공지능 기술은 변화와 발전을 거듭하고 있으며 최근에는 머신러닝 중에서도 딥러닝이 인공지능을 대표하는 기법으로 인식되고 있다.

딥러닝을 활용해 의미 있는 결과를 끌어낸 대표적인 분야로 자연어 처리, 영상 처리, 이미지 생성, 추천 시스템 등을 들 수 있다. 이들 분야는 모두 인공지능 개발자가 만든 모델이 데이터를 학습해 가치 있는 결과물을 산출했다는 공통점이 있지만, 각각 다루는 데이터의 형태는 다르다.

인공지능 개발자가 선택한 분야에 따라 다루는 데이터의 형태가 달라지고, 데이터에 따라 프로그래밍 언어에서 다루어야 할 기능도 달라진다. 예를 들어 자연어 처리는 주로 음성이나 문자 데이터를 다루므로, 컴퓨터가 사람 목소리를 듣고 이해하거나 스스로 문서의 내용을 요약하고 특정한 정보를 검색하게 할 수 있다. 그래서 자연어 처리는 아이폰의 시리와 같은 인공지능 비서 또는 인터넷 신문 기사 작성 등에 활용되고 있다.

데이터는 규칙적인 형태를 띤 정형 데이터와 불규칙한 형태를 띤 비정형 데이터로 구분한다. 인공지능 개발자가 주로 다루는 데이터는 이미지, 텍스트, 음성과 같은 비정형 데이터다. 이에 관한 자료는 인터넷에도 많이 공유되어 있으므로 구글이나 네이버 등에 검색하면 인공지능 개발자가 되는 데 필요한 교육 과정을 찾아볼 수 있다.

인공지능 개발자에게 요구되는 능력은 다른 개발자와 다소 차이가 있다. 개발자는 프로그래밍을 통한 문제 해결 능력, 즉 알고리즘을 떠올리고 이를 구현하는 컴퓨팅 사고력을 갖춰야 한다. 인공지능 개발자에게는 프로그래밍뿐만 아니라 인공지능 분야만의 고유한 데이터 처리 방식과 머신러닝 기법, 인공지능을 적용하려는 사업 분야에 대한 통찰력 등이 필요하다. 현장에 있는 인공지능 개발자들은 인공지능에 관한 이론적 지식, 수리 통계, 선형대수, 미적분 등에 관한 학문적인 전문성을 갖추고 이를 기술 변화에 맞추어 접목하려는 꾸준한 노력이 중요하다고 조언한다.

진로 찾기 **코딩지도사**

2018년부터 초등학교와 중학교 교육 과정에 소프트웨어 교육이 의무화되었다. 이에 따라 코딩 학원의 수강생이 부쩍 늘 정도로 코딩 교육에 관한 관심이 늘었다. 필수 교육 대상으로 지정된 초등학생과 중학생 학부모의 관심을 반영하듯 관련 도서와 사교육도 많아졌다. 소프트웨어의 중요성이 강조되면서 코딩 관련 교육 시장이 열린 것이다. 코딩지도사는 이런 흐름과 함께 주목을 받는 직업이다.

코딩지도사는 주로 교육용 프로그래밍 언어를 활용한 코딩 교육을 진행하면서 학습자가 문제를 해결하기 위한 아이디어를 프로그램으로 구현하도록 돕는다. 그리고 현장에서 학습자를 교육하는 일 외에도 로봇, 교육용 보드 기반의 다양한 교구를 활용한 교육 콘텐츠를 개발하기도 한다.

코딩지도사가 되고자 한다면 기본적으로 자신이 가르치는 분야인 코딩에 대한 흥미와 적성이 필요하다. 스크래치, 엔트리 같은 교육용 프로그래밍 언어는 저연령 학습자 또는 코딩 경험이 없는 학습자에게 적합하다. 이들 언어는 블록을 다루는 직관적인 코딩 방식으로 쉽게 습득할 수 있기 때문에 학습자 스스로 빠르게 학습 내용을 적용한 다양한 프로젝트를 진행할 수 있다. 반면에 텍스트 기반의 언어는 학습자가 직접 코드를 입력해야 하고 추상적인 개념을 다루는 경우가 많아서 코딩을 경험한 학습자를 대상으로 단계적인 접근이 필요하다.

효과적인 코딩 교육을 위해서는 초등학생부터 고등학생까지 연령대별 학습자 특성을 이해하고 있어야 한다. 스위스의 심리학자인 장 피아제의 인지 발달 단계에 따르면 6~12세 아이들의 사고는 관찰 가능한 구체적 사물이나 사건에 한정되어 있다. 따라서 추상적인 개념을 학습하는 데 인지적 부담을 느끼므로 학습 도구와 내용을 적절히 고려해야 한다. 아울러 코드를 작성하고 실행하는 데 필수 도구인 컴퓨터 시스템의 구조와 동작 방식을 포함한 컴퓨터과학 지식을 갖춘다면 더욱 풍성하고 효율적인 교육이 가능하다.

현재 코딩지도사와 관련한 국가 공인 자격증은 없지만 민간 자격증은 인공지능 코딩, 로봇 코딩, 융합 코딩, 드론 코딩 등 그 종류가 다양하다. 민간 자격증의 한 예로 한국직업능력진흥원이 주관하는 코딩지도사 1급 자격증이 있다. 강의를 60퍼센트 이상 수강한 사람에게만 시험에 응시할 자격이 주어지는데, 강의는 소프트웨어 교수-학습 방법, 컴퓨터 없이 컴퓨터과학의 기초 지식을 익히는 언플러그드 활동, 교육용 프로그래밍 언어인 엔트리를 이용한 코딩 실습 등으로 구성되어 있다.

코딩지도사 자격증을 취득할 경우 학교, 문화센터 등의 교육 기관에서 강사로 활동할 수 있다. 실제로 채용 정보를 모아 둔 웹사이트를 보면 전국의 교육 기관에서 방과 후 학교 강사나 학원 강사로 일할 코딩지도사를 모집하는 게시물을 쉽게 찾아볼 수 있어 구직과 취업에 참고할 만하다.

롤모델찾기 **빌 게이츠**

우리가 매일 사용하는 소프트웨어는 무엇일까? 스마트폰, 태블릿, PC에서 사람들이 가장 자주 쓰는 소프트웨어는 단연 운영체제다. 제품의 전원을 켠 후 이루어지는 동작은 모두 운영체제를 거치기 때문이다.

운영체제의 종류는 다양하지만, 대표적인 PC 운영체제로 2가지를 꼽을 수 있다. 바로 윈도와 맥 OS이다. 2021년 4월을 기준으로 PC 운영체제 점유율을 보면 윈도가 75퍼센트로 크게 앞서 있고, 그 뒤를 맥 OS가 16퍼센트로 쫓고 있다. 이처럼 PC 사용자 대부분이 사용하는 윈도는 제조사인 마이크로소프트에 '소프트웨어 왕국'이라는 별명을 가져다준 운영체제이기도 하다. 맥 OS는 애플 PC에 들어가는 운영체제로 애플 제품의 인기와 함께 점유율이 조금씩 높아지고 있다.

윈도가 압도적인 우위를 차지할 수 있었던 이유는 무엇일까? PC가 보급되던 초기에 마이크로소프트가 운영체제 시장을 먼저 장악했기 때문이다. PC 대중화가 시작될 무렵, 소프트웨어의 가치를 높게 평가하는 사람은 많지 않았다. 소프트웨어를 PC 하드웨어에 끼워 파는 묶음 상품 정도로 치부하는 시각도 있었다. 이런 상황에서 마이크로소프트라는 회사를 설립해 소프트웨어 왕국의 반열에 올린 이가 바로 빌 게이츠다.

그는 변호사인 아버지와 교사인 어머니 사이에서 태어났다. 어려서부터 수학에 뛰어난 재능을 보인 그는 미국 시애틀의 명문 사립학교인 레이크사이드를 다니며 컴퓨터를 처음 접했다. 프로그래밍을 통해 게임을 만들기도 하며 컴퓨터의 매력에 완전히 빠져든 그는 졸업 후 하버드 대학교의 응용수학과에 진학했다. 대학교 재학 중에도 알고리즘에 관한 논문을 발표하고 꾸준히 프로그램을 개발하던 그는 결국 학업을 중단하고 1975년에 폴 앨런과 함께 마이크로소프트를 창업했다.

지금의 마이크로소프트를 있게 한 결정적인 계기는 IBM과 계약을 맺은 순간이다. 마이크로소프트는 IBM이 만든 PC에 운영체제를 독점 공급하기로 계약을 맺었는데 이때 소프트웨어 저작권을 넘기지 않은 것이 '신의 한 수'가 되었다.

IBM은 영향력 있는 컴퓨터 제조사로서 자신들의 PC 하드웨어 구조와 사양을 공개했고 다른 제조사는 이를 그대로 따라 PC를 만들었다. 사실상 PC의 표준 역할을 하던 IBM에 운영체제를 공급하는 것은 다른 모든 PC에 운영체제를 공급하는 것과 같았다. IBM과의 계약으로 업계에서 영향력 있는 인물이 된 그는 윈도, MS 오피스 등 대표적인 제품을 내놓으며 마이크로소프트를 소프트웨어 시장에서 독보적인 기업으로 만들었다.

  마이크로소프트사의 성공적인 경영을 통해 큰 부를 이룬 그는 세계 최고 부자 명단에도 이름을 올렸다. 2009년에는 유명 투자가인 워런 버핏과 함께 자선 단체를 설립하고 재산의 절반을 이 자선 단체에 기부하겠다고 서약하기도 했다. 2020년부터는 마이크로소프트의 이사직을 내려놓고 기후 변화, 보건, 교육 등 더욱 다양한 영역에서 자선 활동을 벌이고 있다.

전자 기기의 성능은 무엇이 좌우할까? 스마트폰을 비롯해 각종 전자 기기가 생활 필수품으로 자리하면서 기기의 성능에 관심을 두는 사람이 많아졌다. 성능에 영향을 미치는 하드웨어는 다양하다. 그중에서도 고성능 GPU는 게임, 메타버스, 인공지능, 자율주행차 같은 분야에서 그 필요성이 높아지고 있다.

GPU는 그래픽 연산을 처리하는 데 특화된 장치다. 대표적인 예로 엔비디아의 지포스와 AMD의 라데온이 있다. 특히 엔비디아는 컴퓨터 게임을 좋아하는 사람이라면 누구나 알 만큼 유명한 미국의 반도체 회사다. 엑스박스와 플레이스테이션 같은 콘솔 게임기에 들어가는 GPU를 공급한 기업이 바로 엔비디아이기 때문이다. 엔비디아는 컴퓨터 그래픽 카드의 핵심 부품인 칩

세트의 설계부터 최근에는 인공지능 컴퓨팅에 필요한 처리 장치 생산까지 사업 분야를 확장하고 있다. 젠슨 황은 엔비디아의 공동 창립자이자 GPU라는 용어를 만들어 낸 사람이다.

그는 화학응용공학자인 아버지와 영어를 가르치는 어머니 사이에서 태어났다. 열 살이 되던 해 대만에서 미국으로 건너온 그는 동양인이라는 이유로 3년간 기숙사 변기를 닦는 인종차별을 겪었다고 한다. 그런 상황에서도 학업에 열중한 그는 대학에 진학해 전기공학 전공으로 학사와 석사 학위를 취득했다.

이후 그는 반도체 관련 회사인 LSI로직과 AMD에서 근무하며 CPU 반도체 기술자로 일했다. PC 시장이 업무용 기기로 성장하고 있던 1990년대 초, 그는 PC가 게임이나 동영상 등 다양한 콘텐츠를 즐길 수 있는 엔터테인먼트 기기로 확장될 것으로 내다보고 관련 시장을 주도하고자 했다. 이 같은 그의 비전은 1993년에 엔비디아 설립으로 이어졌다.

GPU라는 단어는 그에게 상징적인 단어다. 엔비디아가 자사 제품인 '지포스'에 GPU라는 명칭을 붙일 당시, 업계 관계자들은 GPU를 제품 판매를 위한 마케팅 용어로 치부했다. 하지만 다양한 멀티미디어 콘텐츠가 늘면서 이들을 처리하기 위해 CPU와 비슷한 수준의 처리 장치가 별도로 필요해졌다. 결국 엔비디아는 업계에서 고성능 GPU 시장을 장악했고, GPU는 학계에서도 사용하는 공식적인 용어가 되었다.

기술자로 시작한 그는 시장의 표준 기술을 따르기보다 독자적인 기술을 고집했다. 그의 고집으로 탄생한 GPU 병렬처리 기술은 엔비디아에 또 다른 성공을 가져다주었다. 딥러닝을 수행하기 위해서는 수천 대의 GPU를 묶는 병렬처리 기술이 필요하다. 이 시장을 거의 독점하고 있는 엔비디아는 딥러닝의 인기가 올라감에 따라 큰 이익을 내고 있다.

그는 경영에도 탁월한 능력을 보이며 엔비디아를 세계에서 손꼽히는 회사로 만들어 낸 것은 물론 반도체 산업의 발전과 혁신을 이끌었다. 그의 업적은 여러 수상 실적으로도 확인할 수 있다. 한 예로 2021년 반도체 산업 협회는 업계에서 가장 영예롭다고 일컫는 로버트 N. 노이스 상을 그에게 수여했다. 미국의 시사 주간지 <타임>은 그를 세계에서 가장 영향력 있는 100명에 꼽기도 했다.

직접 해보는 진로 찾기

하고 싶은 일을 하려면 무엇을 준비해야 할까?
관심 있는 직업을 직접 조사해 보자.

나의 관심사	
나의 성격	
좋아하는 공부	
내가 되고 싶은 직업	

이 직업이 하는 일	❶
	❷
	❸
	❹
	❺

진출 분야	
필요한 능력	
해야 할 공부 및 활동	
관련 자격증	
이 직업의 롤 모델	

참고 자료

도서

- 긴조 토시야 지음, 변윤희, 이동준 옮김, 《처음 시작하는 프로그래밍》, 이비컴, 2003
- 김정섭 지음, 《초연결사회의 탄생》, 위키미디어, 2019
- 김종하 지음, 《역사 속의 소프트웨어 오류》, 에이콘출판, 2014
- 김종훈 지음, 《소프트웨어 세상을 여는 컴퓨터 과학》, 한빛아카데미, 2018
- 세스 스티븐스 다비도위츠 지음, 이영래 옮김, 《모두 거짓말을 한다》, 더퀘스트, 2018
- 알리 알모사위 지음, 정주연 옮김, 《알고리즘 라이프》, 생각정거장, 2017
- 유발 하라리 지음, 김명주 옮김, 《호모데우스》, 김영사, 2017
- 이광근 지음, 《컴퓨터과학이 여는 세계》, 인사이트, 2017
- 제인 베델 지음, 김민섭 옮김, 《10대를 위한 코딩 직업 특강》, 그린북, 2017
- 존 맥코믹 지음, 민병교 옮김, 《미래를 바꾼 아홉 가지 알고리즘》, 에이콘출판, 2013
- 찰스 아서 지음, 유현재, 김지연 옮김, 《해킹 사회》, 미래의창, 2019
- 찰스 펫졸드 지음, 김현규 옮김, 《CODE》, 인사이트, 2015
- 최원영 지음, 《비전공자를 위한 이해할 수 있는 IT 지식》, 티더블유아이지, 2020
- 크리스토프 드뢰서 지음, 전대호 옮김, 《알고리즘이 당신에게 이것을 추천합니다》, 해나무, 2018
- 클레어 L. 에반스 지음, 조은영 옮김, 《세상을 연결한 여성들》, 해나무, 2020
- 홍성욱 지음, 《포스트휴먼 오디세이》, 휴머니스트, 2019

기사

- <For Parts, NASA Boldly Goes... on eBay>, 뉴욕 타임스, 2002.5.12

논문

- Alan M. Turing. Computing Machinery and Intelligence. Mind 59(236): 433–460. 1950
- Jeannette M. Wing. Computational Thinking. Communications of the ACM 49(3): 33–35. 2006
- Paul Covington, Jay Adams and Emre Sargin. Deep Neural Networks for YouTube Recommendations. 2016

웹사이트

- 노벨재단 www.nobelprize.org
- 한국과학기술정보연구원 과학향기 scent.kisti.re.kr
- This is CS50 cs50.harvard.edu

사진 출처

- 117쪽 Lauren.mcalary / wikimedia.org
- 195쪽 Hector Adalid / wikimedia.org

교과 연계

사회·문화

V. 현대의 사회 변동

   2. 세계화 및 정보화로 인한 사회 변동

통합사회

III. 생활 공간과 사회

   2. 교통·통신의 발달과 정보화

정보

I. 정보 문화

   1. 정보 사회

   2. 정보 윤리

II. 자료와 정보

   1. 자료와 정보의 표현

   2. 자료와 정보의 분석

III. 문제 해결과 프로그래밍

   1. 문제 해결과 해결 전략

   2. 프로그래밍

IV. 컴퓨팅 시스템

   1. 컴퓨팅 시스템의 작동 원리

   2. 피지컬 컴퓨팅

기술·가정

IV. 창의 공학 설계와 발명

   1. 기술 혁신과 창의 공학 설계

   2. 기술 혁신과 발명

V. 첨단 기술의 세계

   1. 기술과 창조

   2. 소통과 효율의 기술

VI. 지속 가능한 발전과 기술 적응

   2. 기술 발달과 적응

찾아보기

다른 포스트

뉴스레터 구독신청

IT 지식으로 미래를 읽는다면
빅데이터부터 인공지능까지 진화하는 컴퓨터과학

초판 1쇄 2022년 3월 3일
초판 2쇄 2023년 8월 18일

지은이 윤정구

펴낸이 김한청
기획편집 원경은 차언조 양희우 유자영 김병수 장주희
마케팅 현승원
디자인 이성아 박다애
운영 최원준 설채린

펴낸곳 도서출판 다른
출판등록 2004년 9월 2일 제2013-000194호
주소 서울시 마포구 양화로 64 서교제일빌딩 902호
전화 02-3143-6478 **팩스** 02-3143-6479 **이메일** khc15968@hanmail.net
블로그 blog.naver.com/darun_pub **인스타그램** @darunpublishers

ISBN 979-11-5633-444-6 44000
ISBN 979-11-5633-250-3 (세트)

다른 생각이
다른 세상을 만듭니다